Vorwort

Damit ein Kind zu einem selbstbewussten Menschen heranreifen kann, der sein Leben in die Hand nehmen und nach seinen Bedürfnissen gestalten kann, braucht es einen geschützten Raum, in dem es die Welt kennen lernen kann.

Wenn man ein Buch über neue Wege nach altem Muster im Erziehungsalltag schreiben soll und gleichzeitig selbst dabei ist, einen kleinen Sohn in die Welt zu begleiten, fragt man sich als Erstes: Was soll an diesem Buch wichtig und besonders sein? Wie soll es sich von anderen Ratgebern des Genres abgrenzen? Wie wird es den Bedürfnissen von Kindern mit ihren besonderen Anlagen gerecht? Und wie dem jeder Mutter und jedes Vaters, ihren Gefühlen und ihrer Haltung ihrem Kind/ihren Kindern und dem Leben gegenüber?

Dabei geht es vor allem um eine kreative Gestaltung des familiären Alltags, bei der die kindlichen Bedürfnisse mit denen der Eltern in Einklang kommen können. Kinder nehmen ihre Eltern als Begleiter und Vorbilder im Leben ernst, wenn sie sich deren ungeteilter Aufmerksamkeit und Schutzes gewahr sind. In diesem Rahmen, zu dem auch feste Strukturen gehören, die den Tag, die Woche, das Jahr ordnen, kann sich das Kind ungestört entfalten. Wir nennen diese Strukturen auch Gewohnheiten, Bräuche oder Rituale. Sie helfen uns, die Welt übersichtlicher zu gestalten und unseren Platz in ihr zu finden. Unseren Kindern können wir durch diesen Rahmen Halt geben und Geborgenheit vermitteln. Der Weg in die Welt mit ihren immer neu sich bietenden Erfahrungen und Lernaufgaben wird so für sie gangbarer und sicherer.

Als Eltern flexibel bleiben

Um Rituale in den Alltag zu integrieren, sollten sich Mütter und Väter vor allem auf ihr Gefühl verlassen, sich auf eigene positive Kindheitserfahrungen mit Bräuchen (Ostern, Weihnachten, die Jahreswechsel ...) besinnen. So können sie ihre Rolle als Erzieher selbstbewusst leben und gleichzeitig ihren Nachkömmlingen die Chance geben, eine Kindheit zu erleben, die diesen die notwendigen Freiräume lässt, um Geist, Seele und Charakter zu entwickeln.

Dieses Ziel im Blick zu behalten ist nicht immer einfach, denn die Entwicklung jedes Kindes verläuft unterschiedlich und ist gleichzeitig von vielen Wendepunkten geprägt, die für das Kind selbst wie für die Eltern aufregend sind. Manche entwickeln sich fast zu Krisen und überfordern beide Parteien auch. In solchen Fällen beginnen viele Kinder instinktiv, eigene Gewohnheiten und Regeln einzuführen: Rituale. Ein typisches Ritual für Kleinkinder ist das Einschlafen mit einem Kuscheltier oder nach dem Anhören eines Wiegenliedes. Doch gibt es Rituale nicht nur zur Selbstberuhigung vor der Nachtruhe; jedes Kind schafft sich im Alltag, beim Essen, beim Spielen, beim Baden, seine Rituale. Sie geben ihm Halt und innere Ruhe in Zeiten, die es selbst als Krise erlebt.

Der Alltag oder schwierige Zeiten können durch Strukturen besser bewältigt werden. Rituale zeigen auch, wie wunderbar abwechslungsreich das Jahr ist, zeigen Rituale, wenn sie den Wechsel der Jahreszeiten oder die Feiertage begleiten.

Poesie im Alltag

Das in jedem Kind vorhandene Bedürfnis nach Ritualen ist für uns Eltern eine große Chance, den Familienalltag zu bereichern und zu entspannen. Rituale, die wir unseren Kindern schaffen, helfen ihnen und uns dabei, Krisen und Übergangszeiten zu meistern. Wandel und Wechsel können durch diese festen Gewohnheiten auch als etwas Positives erkannt werden. Eine der kreativsten und schönsten Möglichkeiten ist das spielerische Einbringen dieser »Bräuche«, begleitet von traditionellen Reimen, Liedern und rhythmischen Spielen. Sie sind die poetische und bildhafteste Form der Einführung von Alltagsritualen. Durch ihren besonderen Rhythmus sprechen sie das Kind auf seiner besonderen Wahrnehmungsebene an, über sein Gefühl. Zu beinahe jeder Situation im Kinderalltag und im Kinderjahr gibt es seit alten Zeiten einen passenden Vers oder ein Sprüchlein. Auch mancher Mutter und manchem Vater mag die eine oder andere Strophe, der eine oder andere Vers bekannt vorkommen – und vielleicht stellt sich dabei sogar das gute und warme Gefühl aus Kindertagen wieder ein. Auf diesen Grundlagen entstand dieses Buch als poetischer Ratgeber für Eltern und Kinder – in anmutiger Gestalt mit vielen praktischen und bewährten Tipps zum (Erziehungs-)Alltag.

RITUALE – RÜCK-BESINNUNG OHNE RÜCKSCHRITT.

Mit Hilfe kleiner alltäglicher Rituale erleben Kinder eine Regelmäßigkeit, die ihnen Ruhe und Geborgenheit vermittelt.
Ängste und Konflikte werden bewältigt, ungestörtes Lernen ist möglich, und soziale Fähigkeiten werden entwickelt. Die Poesie dieser Rituale, die noch aus der Zeit unserer Großeltern stammen, regt die Phantasie von Kindern an und bereichert ihre Gefühlswelt.

12
1
2
3
4
5
6
7
8
9
10
11

Woher kommen Rituale?

Rituale untermauern die eigene Selbstständigkeit und Selbstbestimmtheit genauso, wie sie auf der anderen Seite Gemeinschaft und Geborgenheit stiftenden Charakter haben.

Rituale spielen in der menschlichen Kultur und Entwicklung von jeher eine wichtige Rolle. Sie gehören zu den so genannten archetypischen, urtümlichen Verhaltensweisen, die jedem Menschen gefühlsmäßig vertraut sind. Diese Vertrautheit stiftet Sicherheit und Geborgenheit, allein durch die Stetigkeit und Verlässlichkeit eines Rituals. Denn ein Ritual läuft immer nach einem bestimmten Schema ab. Auch einer Regel liegt ein bestimmtes sich wiederholendes Muster zugrunde. Im Gegensatz zu ihr fügt sich ein Ritual allerdings ganz selbstverständlich in unsere Sammlung von Verhaltensweisen ein. Dies hängt auch damit zusammen, dass das Ritual starke Gefühle auslöst, und mit der Verbindung zur seelisch-geistigen Seite des Menschen. Alle Rituale bestehen aus ganz verschiedenen Riten und Gebräuchen.

Zeremonielle Rituale

Wir kennen den Begriff »Ritual« jedoch in erster Linie aus religiösen und feierlichen Zusammenhängen. Dazu gehören:

★ Liturgische Rituale wie die Gestaltung einer kirchlichen Messe, einer Taufe, einer Hochzeit

★ Weltliche Rituale wie eine Königskrönung, eine Ordens- oder Preisverleihung, eine Vereidigung für ein öffentliches Amt

★ Initiationsrituale bei den Naturvölkern, kultische Handlungen, Fruchtbarkeitsrituale.

Traditionell werden Bräuche und Rituale in allen Kulturen in ähnlichen Situationen eingesetzt, zur Strukturierung des Jahres und der natürlichen Abläufe, zur Ordnung des Lebens in einer Gemeinschaft, zur Überbrückung von Wendepunkten im Leben eines Menschen, wie beispielsweise dem Übergang vom Kindsein zum Erwachsenendasein.

In der Regel werden Rituale begleitet von feierlichen Gesängen und Formeln, die alle Sinne und damit die Seele ansprechen. Gesänge verleihen ihnen ihren typischen Rhythmus und verstärken so die gefühlsmäßige Wirkung auf die Teilnehmer des Rituals. Denn tiefenpsychologisch gesehen bildet das Ritual eine Brücke zwischen unserem Bewusstsein und unserem Unterbewusstsein. Im religiösen Bereich haben die rituellen Formen daher im Besonderen die Funktion, die Entspannung, Versenkung und Verinnerlichung zu fördern.
Die Durchführung eines Rituals findet meist im Rahmen einer Gemeinschaft statt. Es verbindet die an ihm teilnehmenden Menschen und verleiht ihnen ein starkes Zusammengehörigkeitsgefühl. Der Einzelne verlässt für die Dauer des Rituals seine Lebenswelt, die er normalerweise für sich gestaltet, fühlt sich den anderen nah und in der Gruppe aufgehoben. In der Geborgenheit stiftenden Funktion liegt das große Potenzial eines Rituals.

Rituale schaffen Freiräume

Doch auch für sich allein kann man verschiedene Rituale in den Alltag einbauen. Das kann ein bestimmtes Aufsteh- und Morgenritual sein, um einen guten Start in den Tag zu finden, oder ein Erholungsritual für das Wochenende, an dem man sich mit schöner Regelmäßigkeit etwas »gönnt«. Diese »Bräuche« und Gewohnheiten, die man im Laufe des Lebens auch auswechseln und je nach Situation neu entwerfen kann, verleihen uns innere Festigkeit und erleichtern uns so das angemessene Handeln in Entscheidungssituationen oder an Wendepunkten in unserem Leben.
Rituale in den Alltag einzubauen bedeutet im besten Sinne, sich durch sie weitere Entwicklungsmöglichkeiten zu schaffen. Man hält sich durch sie den Rücken frei, um nach vorne zu schauen und neue Perspektiven wahrnehmen zu können. Ein Ritual, an das man sich als wohltuende Alltagserfahrung erinnert, die einen bereits aus Kindertagen begleitet, ist daher immer nur Rückschau, nie jedoch Rückschritt.

Im Rahmen von ritualisierten Begegnungen können sich Menschen in der Gemeinschaft frei entfalten, Mitgefühl und andere soziale Fähigkeiten wie Verantwortungsgefühl entwickeln. Dabei wird der Respekt vor der Intimsphäre des anderen stets gewahrt.

Warum Kinder Rituale brauchen

Ein Kind hat noch keinen Bezug zur Zeit und ist gleichzeitig vollkommen von seinen Bezugspersonen abhängig. Daher glaubt es häufig, verlassen zu werden, wenn die Eltern nur kurz weg sind. Mit geregelten Abläufen kann dieser Befürchtung entgegengewirkt werden.

Auch für die von vielen Wendepunkten und Übergangsphasen geprägte Entwicklung eines Kindes und zur Ordnung des familiären Miteinanders wurden unzählige Rituale ersonnen. So gibt es Rituale für den Übergang von der Nacht zum Tag, vom Tag zur Nacht, für den Wechsel der Jahreszeiten, die Entwicklung vom Säugling zum Kleinkind und zum Schulkind, zur Einübung von Nähe und von Grenzen, von Geben und von Nehmen u. v. a. m.

Ihr Ziel ist es, dem Kind das Gefühl von Gemeinschaft und Geborgenheit zu schenken und ihm vor diesem Hintergrund das Leben zu erleichtern. Vom ersten Tag seines Lebens an hat jedes Kind ein riesiges Lernpensum vor sich, um die Welt um sich herum möglichst schnell zu erfassen und seinen Platz darin zu finden. Das fängt beim Kommunizieren und Verstehen von Gefühlen an, geht über die allmähliche Kontrolle seiner körperlichen Funktionen und endet noch lange nicht mit seiner Ausbildung zu einem sozialen Wesen. Das Erlernen aller Fähigkeiten, die ein Kind allein in seinen ersten drei Lebensjahren erwirbt, würde einen Erwachsenen mehrere Jahrzehnte kosten.

Ruhe im Sturm der Anforderungen

Wichtig in dieser Zeit ist ein möglichst ungestörtes Lernen. Denn die Vielzahl an Umweltreizen, die heute schon auf die Kleinen einströmen, überfordert die Kinder nicht selten oder behindert sie sogar in ihrer Entwicklung. Die Welt rückt den Kindern heute sehr nahe, und ihre Abläufe werden immer schneller und auch für Erwachsene mit einem komplett ausgebildeten Verstand immer unüberschaubarer. Rituale helfen dabei, Ruhe in ein Kinderleben zu bringen, auch wenn draußen die Welt tobt. Und sie lassen das Kind lange genug

Kind sein in einer Wirklichkeit, die eigentlich ein schnelles Erwachsenwerden erfordert. Rituale machen dem Kind aber auch begreiflich, dass sein Leben in der Familie nicht nur die Erfüllung seiner eigenen Bedürfnisse im Blick hat, sondern auch die der anderen. Sie helfen ihm dabei, zu einem rücksichtsvollen Mitmenschen heranzureifen, der gleichzeitig die Freiheit hat, seine Identität und sein Selbstbewusstsein zu entwickeln und seine eigenen Wege zu beschreiten.

Die Rituale wechseln mit den Bedürfnissen, die jede Entwicklungsphase eines Kindes mit sich bringt. Das macht es Eltern nicht immer leicht, das jeweils Passende zu finden. Am besten ist es, sie verlassen sich dabei auf ihr Gespür und ihre Flexibilität. Schließlich verläuft die Entwicklung eines Kindes nicht nach Tabelle. Das bedeutet nichts anderes, als dass ein Kind auch eine Phase überspringen kann, um zu einer anderen Zeit wieder in ein früheres Kindheitsstadium zurückzufallen.

Strukturen geben Sicherheit

Um Kinderrituale in den Alltag einzubauen, gibt es besondere Formeln, Rhythmen, Melodien und Bewegungsabläufe. Sprüchlein, Reime, Kniereiterverse, Fingerspiele und Lieder sprechen mit ihrer Bildhaftigkeit, ihrer Gefühlshaftigkeit, ihrer Heiterkeit und ihrem Rhythmus das Kind direkt, aber auf eine sensible und kindgerechte Art und Weise an.

Kinder schaffen sich mit viel Phantasie Rituale auch selbst, um beispielsweise Veränderungen zu bewältigen. Wir müssen diese Rituale nur verstehen und in den Alltag integrieren.

Mit Hilfe dieser poetischen Kinderweisheiten, zum Teil noch aus der Generation unserer Ururgroßeltern, werden die Rituale zum Aufstehen, zum gemeinsamen Essen oder zum Einschlafen zu gewohnten, vertrauten und schnell lieb gewonnenen kleinen Höhepunkten, die den Tag strukturieren. Darüber hinaus gibt es noch die großen Höhepunkte des Jahres, wie beispielsweise typische (Kinder-)Feste des religiösen Brauchtums. Dazu gehören Ostern oder die Adventszeit und Weihnachten oder auch die Feier des eigenen Geburtstags. Auch verdeutlichen die kirchlichen Feste mit ihren althergebrachten Traditionen dem Kind den Jahresrhythmus und machen es mit Glauben, Geschichte und unserem kulturellen Erbe bekannt. Auf

Eines der ersten Rituale, das ein Kind erlernt, ist das Einschlafritual, das meist aus Abendessen, Schlafanzuganziehen, Schmusen und einem Schlaflied besteht. Manche Kinder ritualisieren das Einschlafen noch durch ein Stofftier, das zum ständigen Begleiter während der Nacht wird.

diese immer wieder nach demselben Muster ablaufenden Unterbrechungen von Jahr und Tag kann sich das Kind zuverlässig freuen. Rituale werden so zu einer Art von Ruheinsel in einer Welt, die sich dem Kind als eher unberechenbar darstellt, und vermitteln ihm über die Sicherheit des alltäglichen, familiären Geschehens hinaus langfristige Perspektiven.

Im Ritual erlebt das Kind einen kleinen Ausschnitt seiner Welt als ein Muster bestimmter sich wiederholender Handlungsabläufe, die ihm Wohlgefühl und Sicherheit verleihen sollen.

Durch das immer gleich ablaufende Ritual bilden sich im Gedächtnis des Kindes überdies Verhaltensschemata ab, die ihm auch Handlungsmöglichkeiten eröffnen für unbekannte Situationen – oder wenn es allein auf sich gestellt ist. So wird es sich, wenn es größer ist, aus seiner jeweiligen Lebenssituation heraus immer dann Rituale entwerfen, wenn es gilt, Probleme zu bewältigen oder Rituale seinem neuen, erlernten Wirklichkeitsverständnis anzupassen. Ist ein Kind von klein auf an Rituale gewöhnt, stärkt es sich auf dem Weg zur Loslösung aus der Abhängigkeit vom Elternhaus.

Was Rituale bewirken

Rituale teilen das Jahr in übersichtliche Abschnitte.
Rituale regeln den Tages- und Wochenablauf.
Rituale verleihen dem Leben einen Rhythmus.
Rituale schenken Sicherheit und Geborgenheit.
Rituale fördern die Entwickung einer eigenen Identität.
Rituale fördern die Entwicklung von Mitgefühl und Mitmenschlichkeit.
Rituale sind Merkhilfen und helfen dabei, sich zu konzentrieren.
Rituale verschaffen Vertrauen in die eigenen Fähigkeiten.
Rituale helfen, Ängste abzubauen.
Rituale stärken Bindungen innerhalb der Familie.
Rituale schaffen Freiräume für die eigene Entfaltung.
Rituale bereichern das Spiel und die Phantasie.

Die Poesie von Ritualen: Reime, Lieder und viel mehr

Zurzeit besinnt man sich wieder auf die Spiele, Lieder und Reime der versunkenen ländlichen, aber auch städtischen Kultur, die über Jahrhunderte das Leben in den Kinderstuben prägte.
In diesen Reimen, Liedern und Spielen, in denen die natürlichen Abläufe wie Jahreszeiten, aber auch kulturell-religiöse Rituale wie Feiertage und Feste eine große Rolle spielten, konnten die Kinder seit alters ihre Phantasie und ihren Humor einbringen. Sie konnten dabei ihrer Bewegungsfreude freien Lauf lassen, und gleichzeitig bekamen sie ein Gefühl für Strukturen des familiären und gesellschaftlichen Lebens. Manche Reime spiegeln aber auch konkrete Ereignisse des Zeitgeschehens wider, wie etwa das »Maikäferlied«, »Zehn kleine Negerlein« oder »Der schwarze Mann«. Andere Verse machen uns deutlich, wie sich das Bild der Familie im Lauf der letzten Generationen verändert hat.

In vielen Reimen aus ländlichen Gegenden spielt auch das bäuerliche Nutzvieh eine tragende Rolle, wie Kühe, Enten, Schafe oder Gänse. Sie gehörten zum Alltag der Kinder ebenso wie andere tierische Spielgefährten, z.B. Katze und Hund.

Das mündlich und schriftlich überlieferte Spiel- und Versgut bietet auch einen großen Schatz zur Bereicherung des heutigen Kinderalltags, denn viele Probleme sind gleich geblieben.

Hier ist für jeden etwas dabei

Aus dieser schier endlosen Fülle von poetischem Material finden Sie in diesem Buch eine Auswahl von Liedern, Versen, Kinderreimen, Fingerspielen, Kniereitern, Reigen und vielen Spielen mehr, die sich alle zur Einführung kleiner Rituale in den Kinderalltag eignen. Sie sind nach Themenkreisen geordnet und berücksichtigen Kleinkinder ebenso wie Kindergarten- und Schulkinder.

Fingerspiele: Besonders kleine Kinder sind glücklich, wenn ihre Mutter oder ihr Vater sie auf den Schoß nehmen und mit ihren Händchen spielen. So erfahren sie Geborgenheit und Liebe

Während sich das Kind im Volkslied in seiner Gemeinschaft und seiner Umgebung wieder findet, schenkt das Wiegenlied Beruhigung und stärkt das Vertrauen in Mutter und Vater. Kleine einprägsame Melodien üben schon auf die Allerkleinsten einen starken Reiz aus.

und gleichzeitig Beruhigung, wenn die Eltern dabei einen kleinen Spruch aufsagen und dabei im Rhythmus ihre Fingerchen bewegen. Die Kinder sind dabei ganz versunken und wollen immer wieder denselben Spruch hören. Mit der Zeit werden sie versuchen, die einfachen Zeilen nachzusprechen. Meistens wird das Kind am Schluss zum Lachen gebracht.

Rätsel: Rätsel machen Kindern immer Spaß. Gespannt hören sie zu, erfahren dabei vielleicht ein Gefühl der Überlegenheit, wenn der Gefragte die Lösung nicht findet. Da die ganze Welt für ein kleines Kind ein Rätsel ist, lernt es, durch kleinere »Rateeinheiten« die Welt besser zu begreifen.

Reigen: In früheren Zeiten war es oft die Mutter, die mit den Kindern den ersten Reigen tanzte. Die Melodien, Texte und Spielhandlungen sind einfach und werden von den Kindern meist hingebungsvoll erlernt. Durch die tänzerische Bewegung wird das Gefühl für Rhythmus gestärkt. Die Kinder fühlen sich im Kreis geborgen, keiner steht außen.

Lieder: Volkslieder und Wiegenlieder besitzen fast magischen Charakter. Gemeinsam zu singen, zu tönen oder zu musizieren macht großes Vergnügen und schafft ein enges Band innerhalb der Familie. Lieder und Melodien enthalten einen immensen Reichtum an musikalischen Formeln, die als Quelle heilender und aufbauender Kraft gelten. Sie vermitteln den Kindern Geborgenheit und stärken die Bindung zwischen den großen und kleinen Sängern. Im harmonischen Zusammenspiel, in welchem sich jeder auf den anderen verlassen kann, liegt Beruhigendes, Schützendes, Ermunterndes, Lobendes, Fröhliches und Dankendes. Singen ist von jeher ein Zeichen für seelische Gesundheit.

Reime und Abzählverse: Bevor ein Kind lesen und schreiben kann, ist es schon lange in der Lage, einen Reim oder Vers richtig aufzusagen. Sie trösten, lenken ab, muntern auf, bringen

die Kinder zum Lachen – und unliebsame Tätigkeiten wie das selbstständige Waschen oder Anziehen können humorvoll überbrückt werden. So merkwürdig übrigens mancher Reim einen Erwachsenen anmuten mag, ein Kind versteht die geheime Bilderlogik und lässt sich von dem Rhythmus tragen.
Mit Abzählreimen wird ermittelt, wer beim Spiel beginnen darf. Dazu stellen sich die Kinder im Kreis auf. Eines spricht den Vers und deutet bei sich beginnend bei jeder Silbe auf den Nächsten im Kreis. Der Letzte scheidet aus dem Abzählen aus, wer am Schluss übrig bleibt, beginnt das Spiel.

Auch wenn die meisten Naturspielsachen dem Augenblick dienen, da vieles schnell verwelkt oder vertrocknet, bietet die Natur im Wechsel der Jahreszeiten immer wieder neue Möglichkeiten zum Basteln und Spielen.

Kniereiter: Bei Kniereitern werden die Kinder auf die Knie von Mutter oder Vater gesetzt, an den Händen gehalten und im Sprachrhythmus gewiegt. Bei vielen Kniereiterversen lässt man das Kind bei den letzten Worten weit nach hinten fallen und hält dabei seine Hände fest. Kniereiterverse sind eine gute Übung für den Körpersinn sowie das Rhythmusgefühl und stärken das Vertrauen.

Spiele und Bräuche im Jahresablauf: Der jahreszeitliche Rhythmus prägte den Tagesablauf und die Lebenswelt der früheren Generationen. Verschiedene Bräuche und Sitten im Zusammenhang mit natürlichen Abläufen, aber auch kirchlichen und weltlichen Festtagen prägten sich aus, wurden gepflegt und weitergegeben. Besonders für die Kinder waren diese Feste Höhepunkte im Jahresablauf. Nun handelt es sich bei den Bräuchen keineswegs um Spiele für Kinder, sondern um rituelle Handlungen, die im Glauben oder Aberglauben wurzeln. Manches festliche Beiwerk, wie die Osterspiele, der Martinstag oder Nikolaus, wurde jedoch speziell für Kinder eingeführt.
Das ursprüngliche Spielzeug für Kinder bestand nur aus den Materialien, die die Natur zu bieten hatte: Gräser, Blätter, Blüten, Wurzeln, Rinde, Zapfen, Früchte, Moos und Steine. Mit diesem Spielmaterial entstanden dank der kindlichen Phantasie und Kreativität Ketten und Kränze, Körbchen und Pfeifchen, Männchen und Tiere, Kobolde und Laternen.

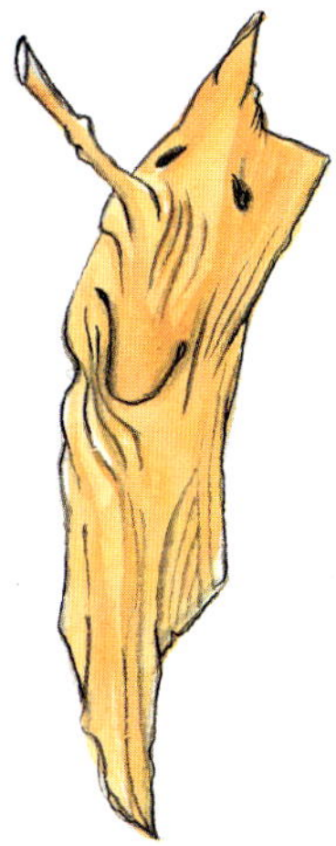

ES WAR EINE MUTTER …

In der Begegnung mit dem immer wiederkehrenden Ablauf der Jahreszeiten erleben Kinder auch für das eigene Leben eine Sicherheit und Kontinuität. Rituale ermöglichen ihnen einen unmittelbaren Zugang zur Natur, eine Erfahrung mit allen Sinnen, und darüber hinaus werden Kinder ganz spielerisch mit dem Geheimnis des Lebens, dem Wachsen von Pflanzen und Lebewesen vertraut gemacht. Dieses Verständnis befähigt sie, selbstverständlich sorgsam mit der Umwelt umzugehen und sie nicht auszubeuten.

Jahreszeiten gemeinsam erleben

Nur draußen sind die heftigen Stürme des Frühjahrs zu spüren, sind das Summen der Bienen im Sommer, das Rascheln von Laub im Herbst und das Knirschen von eisgefrorenem Schnee zu hören.

Für viele Kinder ist es heute nicht so einfach, mit der Natur in Berührung zu kommen. Vor allem Stadtkindern fehlt scheinbar die Möglichkeit, auch im Alltag den Wechsel der Jahreszeiten, deren Besonderheiten und Eigenschaften wahrzunehmen und mitzuverfolgen.
Sicherlich erleben wir auf dem Land unmittelbarer Frühling, Sommer, Herbst und Winter, Wind und Wetter. Dennoch gibt es auch in der Stadt Orte wie Parks, Grünanlagen, Schrebergärten oder auch begrünte Innenhöfe, an denen Eltern gemeinsam mit ihren Kindern den Rhythmus des Jahreskreises begreifen und erleben können. Das Wichtigste dabei ist, seine Umgebung mit offenen Augen wahrzunehmen, sei sie nun städtisch oder ländlich geprägt.

Die Natur nach Hause tragen

Eine von vielen Möglichkeiten, mit Kindern Natur zu erleben, ist z. B. das Sammeln von Früchten, Pflanzen, schönen Steinen, Holzstücken oder Schneckenhäusern. Fast alle Kinder lieben es, Dinge zu sammeln, und sie haben noch den besonderen Blick für kleine Schönheiten am Wegesrand. So können Spaziergänge, die Kinder vielleicht bisher eher als langweilig erlebt haben, zu einem spannenden Vergnügen werden. Durch das konzentrierte Suchen, Betrachten und Sammeln nehmen die Kinder ihre Umgebung tief in sich auf und erfahren dabei eine große Befriedigung.
Werden die gefundenen Schätze zu Hause dann liebevoll arrangiert und noch einmal gemeinsam angesehen, ist es schon gelungen, eine Beziehung zur Natur und ihrem Reichtum zum Leben zu erwecken. Die gesammelten Früchte, Zapfen oder auch Federn können auf einem Tisch oder in einem

Regal liebevoll arrangiert werden, so dass die Familie auch drinnen stets ein kleines Abbild der jeweiligen Jahreszeit und deren Besonderheit vor Augen hat.
Die sich stets wiederholenden Ereignisse in der Natur, das ständige Werden und Vergehen, das Erleben des Jahreskreises, der immer wieder neu beginnt, geben uns ein Gefühl der Sicherheit und des Eingebundenseins in eine größere Ordnung. Durch die den Jahreszeiten entsprechenden Rituale, Bräuche, Lieder und Reime wird diese Wirkung vor allem für Kinder verstärkt.

Für Kinder sind alle Jahreszeiten immer wieder neu und spannend.

Die Monate

Reim

Im Januar fängt an das Jahr.
Sehr kalt ist's oft im Februar.
Im März der Winter scheiden will.
Der Osterhas kommt im April.
Im Mai freut sich die ganze Welt.
Im Juni blüht das Korn im Feld.
Im Juli pflückt man Kirsch' und Beer'.
August plagt uns mit Hitze sehr.
September reift den guten Wein.
Oktober fährt Kartoffeln ein.
November tobt mit Schnee und Wind.
Dezember uns das Christkind bringt.

(Volksgut)

Der Frühling

Die ersten Schneeglöckchen, die sich zaghaft im Winter unter der noch dünnen Schneedecke hervorwagen, künden vom nahenden Frühling – auch wenn scheinbar noch »Väterchen Winter« regiert.

Lied

Es tönen die Lieder

Text und Melodie: volkstümlich

Noch sind die Wiesen von Schneeresten bedeckt, sind sie gelblich und platt gedrückt. Aber schon zeigen sich als erste Boten weiße Schneeglöckchen, dann gelbe, violette und weiße Krokusse und Märzenbecher.

Winter, ade

Text: A. H. Hoffmann von Fallersleben;
Melodie: volkstümlich

Lied

Eigentlich haben bis zum April alle genug vom Winter. Aber allzu oft bekommen die gelben Osterglocken über Nacht noch einmal eine Schneehaube, und die Temperaturen sinken unter null Grad. Da wünscht man das endgültige Ende der Kälte sehnlichst herbei.

2. Winter ade!
Scheiden tut weh!
Gerne vergess ich dein,
kannst immer ferne sein.
Winter ade! Scheiden tut weh!

3. Winter ade!
Scheiden tut weh!
Gehst du nicht bald nach Haus,
lacht dich der Kuckuck aus.
Winter ade! Scheiden tut weh!

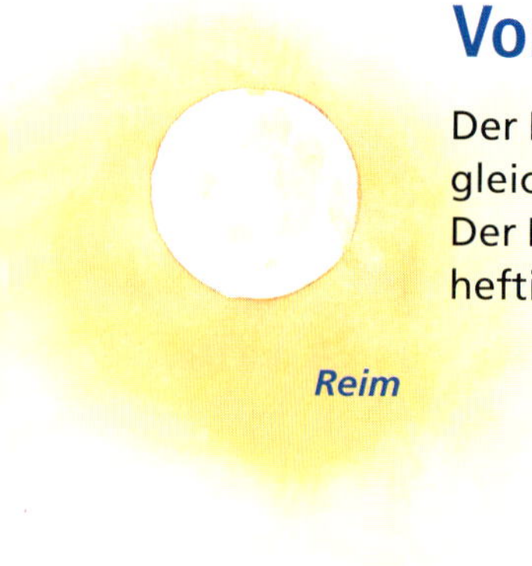

Vom wilden Wetter

Der Lauf der Sonne erreicht am 21. März mit der Tagundnachtgleiche den eigentlichen Frühlingsbeginn nach dem Kalender. Der Frühling ist jetzt deutlich merkbar, auch wenn häufig noch heftige Frühjahrsstürme übers Land brausen.

Reim

Kalter Schnee

Krah, krah, kalter Schnee,
dem Raben tut sein Bein so weh,
dem Has, im Feld sein Herz.
In dunkler Zeit, in kalter Zeit
erwarten sie den März,
der Sonne bringt und Fröhlichkeit:
Vergessen ist der Schmerz!

Fingerspiel

Das Wetterhaus

Seht, das ist ein Wetterhaus,	*Aus den aufgestellten Fingerspitzen*
schauen Frau und Mann heraus.	*ein Haus bilden, die Daumen sind Frau und Mann;*
Wenn die liebe Sonne scheint,	*linken Daumen nach vorn strecken*
schnell die kleine Frau erscheint.	*und bewegen; den rechten Daumen gleichzeitig nach innen ziehen;*
Fängt's jedoch zu regnen an, kommt heraus der kleine Mann.	*den linken Daumen nach innen ziehen; den rechten Daumen herausstrecken;*
Mann, bleib lieber drin im Haus, schick uns deine Frau heraus!	*den rechten verschwinden lassen und den linken herausstrecken.*

So fahren die Damen

Kniereiter

So fahren die Damen,	*Langsames Hin- und Her-wiegen;*
so fahren die Damen.	
So reiten die Herren,	*sanfte Auf- und Abbewegung;*
so reiten die Herren.	
So juckelt der Bauer,	*hoppelnde, ruppige Auf- und*
so juckelt der Bauer.	*Niederbewegung.*

Wenn sich Kinder sicher fühlen, kann kein Spiel wild genug sein.

Der Wetterhahn

Reim

Wie hat sich sonst so schön der Hahn
auf unserm Turm gedreht
und damit jedem kundgetan,
woher der Wind geweht.
Doch seit dem letzten Sturme hat
er keinen rechten Lauf,
er hängt so schief, er ist so matt,
und keiner schaut mehr drauf.
Jetzt leckt man an dem Finger halt
und hält ihn hoch geschwind;
die Seite, wo der Finger kalt,
von daher weht der Wind.

(Wilhelm Busch)

Die Miniwetterfahne

Bastelvorschlag

Wer wissen möchte, woher der Wind weht, nimmt einen Blumentopf und stellt ihn umgedreht auf. Dann wird eine Stricknadel in das Loch gesteckt. Mit dem anderen Ende der Stricknadel einen Trinkhalm in der Mitte durchbohren, so dass er waagrecht in der Luft liegt. An das eine Ende des Trinkhalms wird ein Fähnchen aus Papier senkrecht angeklebt, das andere Ende mit etwas Knetmasse beschwert. Hinaus in den Wind – und das Fähnchen dreht sich immer in die Richtung, in die der Wind weht! Wer das genau beobachten möchte, experimentiert mit dem Föhn.

Wer vorhat, sich ein Haustier anzuschaffen, sollte ein Junges nehmen, das im Frühjahr geboren ist. Man sagt, sie seien besonders robust.

Im Tierkindergarten

In Parkanlagen können wir beobachten, wie beispielsweise Schwäne und Enten eifrig Brautschau halten und bereits einige Wochen später flaumige Entenküken ihren Eltern hinterherschwimmen.
Auch in Zoos oder Wildgehegen lässt sich jetzt im Frühling so schön wie zu keiner anderen Zeit überall der Nachwuchs der Tiere bestaunen.

Lied

Alle meine Entchen

Text und Melodie: volkstümlich

Jetzt beginnt die Arbeit des Bauern

Auf den Feldern wird bereits die neue Saat ausgebracht, und ein neuer Anfang eines Zyklus von Säen, Wachsen, Ernten und Ruhen beginnt. Diesen Vorgang können wir durch ein so altbekanntes Lied sehr schön nachempfinden.

Im Märzen der Bauer

Textneufassung: W. Brandhusen;
Melodie: volkstümlich

Lied

Der Landwirt ist vom Wetter abhängig. Ist es gerade günstig, muss er hinaus aufs Feld, egal welcher Tag der Woche ist. Einen Sonntag gibt es dann eben nicht.

2. Die Bäurin, die Mägde, sie dürfen nicht ruhn,
sie haben im Haus und im Garten zu tun.
Sie graben und rechen und singen ein Lied
und freun sich, wenn alles schön grünet und blüht.

3. So geht unter Arbeit das Frühjahr vorbei,
dann erntet der Bauer das duftende Heu.
Er mäht das Getreide, dann drischt er es aus:
Im Winter, da gibt es manch fröhlichen Schmaus.

Alle Tätigkeiten werden pantomimisch dargestellt, bei der zweiten Strophe wird das Frühjahr tanzend verabschiedet.

Alles grünt und blüht

Der kleine Frühlingsgarten auf der Fensterbank muss im Frühjahr nachts noch hereingeholt werden, weil der Nachtfrost den zarten Pflänzchen schadet.

Im Frühling werden oft in den Gartenanlagen und Parks die Bäume und Sträucher geschnitten. Kommt man zufällig daran vorbei, kann man sich ein paar Zweige mitnehmen und in die Vase stellen. In kurzer Zeit öffnen sich die Knospen. Die leuchtend gelb blühenden Forsythiensträucher sind die ersten bunten Farbtupfer im zeitigen Frühjahr. Zu Ostern sind Weidenkätzchen, behängt mit ausgeblasenen, gefärbten Eiern, ein hübscher Schmuck für die Blumenvase und spiegeln symbolisch die Jahres- und Festzeit.

Ein eigenes Blumenbeet anlegen

Die Kinder können in kleine mit Blumenerde gefüllte Schälchen und Töpfchen Blumen säen, deren Entwicklung vom winzigen Samenkorn bis zur Pflanze sie auf der Fensterbank mitverfolgen und genau beobachten können. Jedes sprießende Blättchen wird mit Begeisterung entdeckt, und die kleine Aufgabe des Selbstgießens weckt Stolz und Verantwortungsgefühl für das, was hier wächst.

Reim

Wie das Kind den Kirschbaum pflanzt

Wer recht gern isst Kirschenkuchen,
muss ein Garteneckchen suchen,
muss ein Kirschenkernlein haben,
muss ein tiefes Löchlein graben,
muss darein das Kernlein stecken,
gute Erde drüberdecken
und das Plätzlein wohl begießen.

Wenn nun wird das Bäumlein sprießen,
muss man gleich das Pfählchen schneiden,
muss daran mit dünnen Weiden
gleich das zarte Bäumchen schlingen:
Dann wird's rote Kirschen bringen.

(Volksgut)

Der April macht, was er will

Gibt es auch vielleicht schon einige wärmere Tage, an denen die Kinder begeistert Fahrräder, Bälle, Hüpfseile oder Straßenkreide aus dem Keller hervorholen, so kann es doch insbesondere im April noch einmal Schnee und Eis geben. Und so manches Osternest muss im Schnee gefunden werden.
Um Kindern die erwachende Natur noch näher zu bringen, können wir (zumindest mit den etwas älteren), ausgerüstet mit einem Pflanzenführer oder Bestimmungsbuch, erkunden, welche der ersten Frühlingsblumen schon blühen.
Schlüsselblume oder Leberblümchen sind schnell erkannt, und Kinder erfreuen sich am Benennen der einzelnen Pflanzen und am Wiedererkennen bei den nächsten Spaziergängen.

Ein Frühlingsspaziergang im Wald lohnt sich. Denn ein wunderschöner Frühlingsblüher ist der Bärlauch (unserem Knoblauch verwandt) mit seinen weißen Blüten.

Jetzt fängt das schöne Frühjahr an

Text und Melodie: volkstümlich

Lied

2. Es blühen Blümlein auf dem Feld,
sie blühen weiß, blau, rot und gelb,
es gibt nichts Schönres auf der Welt.

3. Jetzt geh ich über Berg und Tal,
da hört man schon die Nachtigall
auf grüner Heid und überall.

»Wonnemonat« Mai

Vor dem ersten Fahrradausflug werden die Bremsen und das Licht am Drahtesel überprüft, lockere Schrauben angezogen und alle Züge und die Kette geschmiert. Dann geht's los – vorbei an Wiesen, die mit gelben Blumen übersät sind.

Erst der Monat Mai erfüllt unsere Sehnsucht nach Wärme und Sonnenschein. Eine Fülle von Feiertagen in diesem Monat verleitet Jung und Alt, hinauszuziehen und sich an der wieder erwachten Natur in ihrem neuen grünen Kleid zu erfreuen.

Seit alten Zeiten wird der 1. Mai als Frühlingsfest gefeiert. Mancherorts gibt es die Tradition des Maibaumaufstellens, indem an einem Platz in der Mitte der Ortschaft ein bunt geschmückter und bemalter, meterhoher Baumstamm aufgestellt wird. Dazu wird Musik gespielt und um den Baum getanzt, anschließend findet das Fest mit leiblichen Genüssen seine Fortsetzung.

Der Mai ist von jeher beliebt für Ausflüge ins Grüne, bietet er doch eine Reihe von Feiertagen, die es ermöglichen, einmal hinauszufahren oder zu -radeln. Kinder lieben es, in einer größeren Gruppe oder mit anderen Familien zusammen Spaziergänge zu machen, verbunden mit einem kleinen Picknick oder einer Einkehr in einem Gasthof.

Neben gemeinsamem Singen, durch das für die Kinder auch längere Spaziergänge lustig und abwechslungsreich werden, kann bei einer Rast gemeinsam gespielt, oder mit Blumen und Gräsern Schmuck gebastelt werden.

Reim

Lichtlein auf der Wiese

Lichtlein auf der Wiese
blas ich alle aus,
und es fliegen Sternchen
in die Welt hinaus,
schweben in der Sonne,
schweben auf und nieder.
Nächstes Jahr zur Frühlingszeit
gibt's neue Lichtlein wieder.
Doch zuvor, du wirst es sehn,
wird die Wiese, wird die Wiese
ganz in Gold, im Golde stehn.

Alle Vögel sind schon da

Text und Melodie: volkstümlich

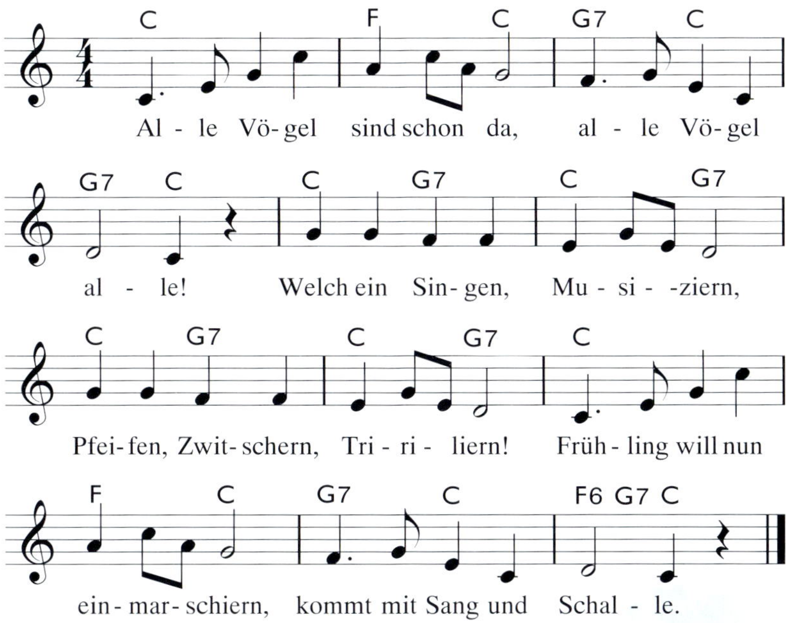

Lied

Nun sind alle Zugvögel, die im Herbst ihre weite Reise in warme Länder angetreten haben, wieder zurückgekehrt und stimmen besonders morgens und abends ihren Gesang an.

2. Wie sie alle lustig sind,
flink und froh sich regen.
Amsel, Drossel, Fink und Star
und die ganze Vogelschar
wünschen uns ein frohes Jahr,
lauter Heil und Segen.

3. Was sie uns verkünden nun,
nehmen wir zu Herzen:
Wir auch wollen lustig sein,
lustig wie die Vögelein
hier und dort, feldaus, feldein,
singen, springen, scherzen.

Blumenwiesen, Vogelgezwitscher und lustige Spiele

Wenn der Löwenzahn Wiesen und Wegränder gelb färbt, wird diese Blume – man nennt sie auch Sonnenwirbel, Lichterblume oder Pusteblume – zum Spielmaterial für Kinder. Keine andere Blume zieht sie so an. Was lässt sich nicht alles aus Blüte, Stängel und Samen dieser Löwenzahnblume basteln.

Spiele

Löwenzahnkränze und -ketten

Die größeren Mädchen flechten mit geschickten Händen bezaubernde Kränze aus Löwenzahn.
Kleinere Mädchen legen sich gerne eine Löwenzahn-Armbanduhr an. Dazu ritzen sie mit dem Daumennagel einen kleinen Schlitz in den Stängel unterhalb der Blüte. Sie schließen die »Uhr«, indem sie den Stängel um das Handgelenk legen und das Ende des Stieles durch die Öffnung ziehen.

Spiele mit Löwenzahnstielen

Kinder finden besonders viel Spaß, wenn sie die geschlitzten Löwenzahnstängel ins Wasser legen. Die Stängelröhrchen schneiden sie auf beiden Seiten ein, legen sie kurze Zeit in ein mit Wasser gefülltes Gefäß oder in ein Bächlein. Nun können sie beobachten, wie die Stängel sich im Wasser verformen und allerlei lustige, gekringelte Formen annehmen. Manche sehen auch wie kleine Männchen aus. Legt man halbierte Stängel ins Wasser, nehmen sie die Form einer Brille an, die man auf die Nase setzen kann.

Bei einem Wettstreit hat der gewonnen, der seine Blume als Erster leer gepustet hat.

Pustespiele

Wenn der Löwenzahn verblüht ist und sich die Samen bilden, wenn die Wiesen davon mit einem weißen Schleier überzogen sind, nennen Kinder die Löwenzahnblumen auch Pusteblumen oder Lichter. Sie pflücken sie vorsichtig ab, halten sie dicht an den Mund und sprechen:

»Paule, Paule, pupp, pupp, pupp!
Koch mir eine Wassersupp!
Aber nicht zu dick!
Dass ich nicht verstick!«

Das P muss ganz hart gesprochen werden, damit viele Samen weggepustet werden.

Ketten aus Gänseblümchen

Dazu werden möglichst langstielige Gänseblümchen verwendet. Durch das Blütenköpfchen und den Stiel wird von oben nach unten mit einem dürren Ästchen ein kleines Loch gestochen. Den Stiel des Blümchens führt man von unten durch dieses Loch. Nun hängt man das nächste, schon vorgelochte Blümchen wie das Glied einer Kette in diesen Ring. Auch hier wird der Stiel wieder von unten nach oben durch die Blüte gesteckt. So hängt man eine Blume an die andere, bis die Kette so lang ist, dass sich das Kind sie um den Hals legen kann.

Wir wolln den Kranz binden

Reigen

Wir wolln den Kranz binden,
so binden wir den Kranz.
Bei der Anna, hübsch und fein,
soll der Kranz gebunden sein.

Wir wolln den Kranz lösen,
so lösen wir den Kranz.
Bei der Sofia, hübsch und fein,
soll der Kranz gelöset sein.

Ausführung: Die Kinder fassen sich an den Händen und gehen im Kreis nach links. Das mit seinem Namen aufgerufene Kind löst sich, kreuzt die Arme übereinander und fasst so wieder die Hände seiner Nachbarn. Die erste Strophe wird so oft wiederholt, bis alle Kinder aufgerufen wurden. Das Auflösen des Kranzes erfolgt dann beim Absingen der zweiten Strophe.

Eine Kette nur aus Blüten entsteht, wenn man den Stiel unter dem Blütenkopf schlitzt. Durch diesen Schlitz den Stiel der nächsten Blüte ziehen, und auch er bekommt eine Öffnung. Immer mehr aneinander fügen!

Lied **Ein Kuckuck auf dem Baume saß**

Text und Melodie: mündlich überliefert; aufgezeichnet von Carla Maria Rieke

Es ist ein besonderes Erlebnis, den Ruf des Kuckucks zu hören; ertönt er nicht, können wir zumindest die bekannten Lieder über den Frühlingsvogel anstimmen.

2. Da kam der liebe
Sonnenschein,
der macht' ihn wieder
hübsch und fein,
der macht' ihn wieder
hübsch und fein.

3. Und voller Freude
fliegt er nun
in Gottes schöner
Welt herum,
in Gottes schöner
Welt herum.

Der Kuckuck und der Esel

Text und Melodie: volkstümlich

Lied

Ein Wettstreit geht selten so harmonisch zu Ende wie der zwischen Kuckuck und Esel. Aber beim Singen gilt: Jeder kann es, wenn ihm die Freude daran nahe gebracht wird, und das hat nichts mit Konkurrenz zu tun.

2. Der Kuckuck sprach: Das kann ich!
und hub gleich an zu schrein.
Ich aber kann es besser,
fiel gleich der Esel ein.

3. Das klang so schön und lieblich,
so schön von fern und nah,
sie sangen alle beide:
Kuckuck, kuckuck, i-a!

Spiel

Täubchen und Wolf

Dieses lustige Fangspiel geht folgendermaßen: Ein Kind steht etwas abseits und ist die Taubenmutter, die ruft:

»Ihr Täubchen, ihr Täubchen, kommt alle zu mir.«
Die Kinder antworten: »Wir dürfen nicht.«
»Warum denn nicht?« »Der Wolf ist da.«
»Wo sitzt er denn?« »Im Loch.«

Dann ruft die Mutter noch einmal: »Ihr Täubchen, ihr Täubchen, kommt alle zu mir.« Und alle Kinder versuchen, zur Mutter zu laufen. Ein anderes Kind, das den Wolf darstellt, versucht, alle zu fangen. Die, die gefangen werden, scheiden aus. Die beiden Kinder, die zuletzt noch übrig bleiben, dürfen in der nächsten Runde Mutter und Wolf sein.

Fingerspiel

Tire, tire, titz

Tire, tire, titz,
in welcher Hand sitzt's?
Oben oder unten?

Diese schönen Tage in der Natur, mit gemeinsamem Wandern, Singen und Spielen, sind für Kinder wie Eltern ein Erlebnis, an das sich alle stets gerne erinnern.

Ein Steinchen ist in der Faust versteckt. Während der Vers gesprochen wird, klopft das Kind abwechselnd auf beide Fäuste. Wenn es errät, in welcher Hand sich der Stein befindet, bekommt es ihn und darf weiterspielen.

Jahreszeitentisch

Für das Jahreszeitenarrangement wählt man im Frühjahr beispielsweise einen Strauß Schlüsselblumen. Diesen stellt man in Vorbereitung auf das kommende Osterfest mit bemalten Eiern, selbst gebastelten Hasen, Küken oder Hühnern zusammen, die Kindergartenkinder in dieser Zeit auch oft mit nach Hause bringen. Diese Zeichen für Hoffnung, Fruchtbarkeit und Neubeginn allen Lebens wirken unbewusst, aber tief auf die Seele des Kindes, und es spürt die Qualität dieser Zeit.

Der Sommer

Der Sommer ist die Jahreszeit, in der am meisten Zeit im Freien verbracht wird. Jetzt gibt es besonders für die Kinder wohl die schönsten Naturerlebnisse. Sei es beim Schwimmen, beim Spielen im Garten oder in Hinterhöfen, bis es dunkel wird, bei Radtouren, beim Feuermachen und Grillen. Alle Menschen sehnen sich danach, draußen zu sein, um Wärme, Licht und Sonne zu spüren.
Um den 22. Juni, wenn die Sonne in das Tierkreiszeichen des Krebses eintritt, ist Sommersonnenwende, und damit beginnt nach dem Kalender der Sommer.

Tra ri ro

Reim

Tra ri ro,
der Sommer, der ist do!
Wir wollen 'naus in 'n Garten
und wollen des Sommers warten.
Jo, jo, jo,
der Sommer, der ist do!

Tra ri ro,
der Sommer, der ist do!
Wir wollen hinter die Hecken
und wollen den Sommer wecken.
Jo, jo, jo,
der Sommer, der ist do!

Tra ri ro,
der Sommer, der ist do!
Der Sommer hat gewonnen,
der Winter hat verloren.
Jo, jo, jo,
der Sommer, der ist do!

Tra ri ro,
Der Sommer, der ist do!
Der Winter liegt gefangen,
den schlagen wir mit Stangen.
Jo, jo, jo,
der Sommer, der ist do!

Tra ri ro,
der Sommer, der ist do!
In meiner Mutter Keller
liegt guter Muskateller.
Jo, jo, jo,
der Sommer, der ist do!

Der längste Tag und die kürzeste Nacht

Das Fest der Sommersonnenwende wird in vielen ländlichen Gegenden mit einem riesigen Feuer, dem »Johannifeuer«, gefeiert. Auch kleinere Gruppen von Nachbarn oder mehrere Familien können gemeinsam ein Feuer entzünden.
Dies sollte selbstverständlich nur an einer dafür vorgesehenen, erlaubten Feuerstelle stattfinden. Das Brennmaterial kann gemeinsam mit den Kindern vor Ort gesammelt werden. Am besten eignen sich dafür kleinere und größere trockene Äste, Zweige oder sehr trockenes Tannenreisig. Zum Anzünden können dünne Holzspäne oder Zeitungspapier verwendet werden. Die gesammelten Äste und Holzstücke werden in Form einer Pyramide aufgestellt und von unten her angezündet. Um das Feuer zu entfachen, muss immer wieder sanft hineingeblasen werden.

Zum Schluss springen die Mutigen noch über die Glut, bevor das Feuer mit Wasser gelöscht wird.

Einfach nur dazusitzen und das Feuer zu beobachten ist für Kinder ebenso faszinierend wie für uns Erwachsene. Ist das Feuer etwas heruntergebrannt, kann man an dünnen Stöcken Würstchen oder Brot grillen.

Heut lodert das Feuer

Reim

Heut lodert das Feuer, der Rauch steigt empor,
da brechen im Feuer die Geister hervor.
Seht, wie es flackert, sie tanzen zusammen!
Hört ihr das Knistern und Prasseln der Flammen?
Es stieben die Funken, es brennt so hell.
Johanni ist heute, kommt alle zur Stell!

Wenn das Leben draußen stattfindet

Viele alte Kinderspiele wie »Himmel und Hölle« oder Sackhüpfen kommen jetzt wieder zu neuen Ehren. Ohne besondere Materialien können sie in einer großen Gruppe von Kindern gespielt werden.

Die Sonne hat ihren höchsten Stand erreicht, die Tage werden allmählich wieder kürzer. Doch solange die Abende hell und lang sind, fällt es den Kindern schwer, zur gewohnten Stunde schlafen zu gehen. An einem Wochenende oder in den Ferien ist es ein besonderes Erlebnis, einmal aufbleiben zu dürfen und bei Einbruch der Dunkelheit die zu dieser Zeit fliegenden Glühwürmchen zu beobachten.
Ebenfalls sehr beeindruckend für Kinder ist es, einmal in der Nacht irgendwo draußen ganz still zu liegen und bei klarem Himmel die unzähligen funkelnden Sterne zu beobachten.
Am schönsten sind in dieser Jahreszeit Spiele im Freien, ob Reigen- oder Hüpfspiele, Fangen, Versteckspiele oder Ballspiele – im Sommer auf einer grünen Wiese gespielt, machen sie am meisten Spaß. Zu Beginn sollte man den Kindern die Spiele erklären und sie dann alleine spielen lassen.

Kniereiter

Hoppe, hoppe, Reiter!

Hoppe, hoppe, Reiter!
Wenn er fällt, dann schreit er!
Fällt er in den Teich,
find't ihn keiner gleich.
Fällt er in die Hecken,
fressen ihn die Schnecken,
fressen ihn die Müllermücken,
die ihn vorn und hinten zwicken.
Fällt er in den tiefen Schnee,
dann gefällt's ihm nimmermeh'.
Fällt er in den Graben,
fressen ihn die Raben.
Fällt er in den Sumpf,
dann macht er einen Plumps.

Lied

Das Waldhaus

Text und Melodie: mündlich überliefert;
aufgezeichnet von Carla Maria Rieke

Wollt ihr wissen?

Text und Melodie: volkstümlich

Reigen

Zu diesem bekannten Lied gibt es einen alternativen Text, der hübsch das ländliche Leben während des Sommers beschreibt.

2. Wollt ihr wissen,
wie der Bauer,
wie der Bauer Haber aussät?
Seht, so macht er's,
seht, so macht er's,
wenn er Haber aussät.

3. Wollt ihr wissen,
wie der Bauer,
wie der Bauer Haber abmäht?
Seht, so macht er's,
seht, so macht er's,
wenn er Haber abmäht.

4. Wollt ihr wissen,
wie der Bauer,
wie der Bauer Haber einfährt?
Seht, so macht er's,
seht, so macht er's,
wenn er Haber einfährt.

5. Wollt ihr wissen,
wie der Bauer,
wie der Bauer Haber aufdrischt?
Seht, so macht er's,
seht, so macht er's,
wenn er Haber aufdrischt.

6. Wollt ihr wissen,
wie der Bauer
nach getaner Arbeit ausruht?
Seht, so macht er's,
seht, so macht er's,
wenn er abends ausruht.

7. Wollt ihr wissen,
wie der Bauer
dann nach der Arbeit Spaß bekommt?
Seht, so macht er's,
seht, so macht er's,
wenn er sich beim Tanz dreht.

So wird gespielt!

Bei diesem Spiel muss niemand etwas auswendig lernen, denn der Text ergibt sich aus dem Takt und aus den rhythmischen Bewegungen der Pantomime. So entsteht die ungetrübte Freude am gemeinsamen Tun.

Die Kinder stehen mit gefassten Händen im Kreis, ein Kind in der Mitte als Bauer.
Der Kreis geht nach links, das Kind in der Mitte in die entgegengesetzte Richtung.
Der »Bauer« macht die Bewegungen vor, die Kinder im Kreis wiederholen sie. Wer mag, kann sich auch jemanden aus dem Kreis nehmen und die Tätigkeiten mit dem Mitspieler zusammen pantomimisch darstellen.
So können beispielsweise bei der dritten Strophe zwei Kinder einen Wagen darstellen.
Bei der letzten Strophe holt sich der »Bauer« ein Kind aus dem Kreis zum Tanzen. Sie fassen sich an beiden Händen, hüpfen herum und drehen sich; gleichzeitig hüpfen auch die Kinder im Kreis.

Teddybär, Teddybär

Hüpfspiel

Zwei Kinder halten je ein Ende eines langen Seils und schwingen das Seil gleichmäßig, während ein anderes Kind zum Takt eines Verses springt:

Teddybär, Teddybär, dreh dich um,
Teddybär, Teddybär, mach dich krumm,
Teddybär, Teddybär, hüpf auf einem Bein,
Teddybär, Teddybär, das war fein.

Henriette

Hüpfspiel

Sind die Kinder schon etwas geübter im Springen, können sie die gesprochenen Bewegungen während des Hüpfens ausführen, also z. B. sich umdrehen, auf einem Bein hüpfen usw. Ein anderer Reim geht so:

Henriette,
goldne Kette,
goldner Schuh,
wie alt bist du?

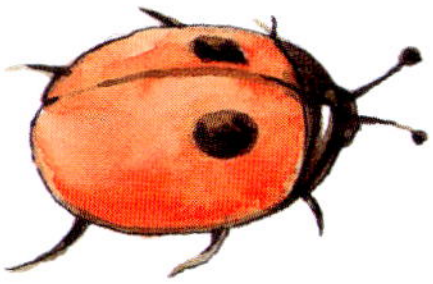

So oft, wie es ein Kind schafft, fehlerfrei zu hüpfen, so alt ist es.

Blumen- oder Tierfangen

Fingerspiel

Ein Kind ist der Fänger, die anderen versuchen wegzulaufen. Ist der Fänger gefährlich nahe, kann ein Kind schnell einen Tiernamen (Blumennamen) rufen und sich hinsetzen. So darf es nicht gefangen werden. Danach muss es schnell wieder aufstehen und umherlaufen. Das Kind, das als letztes gefangen wird, darf danach Fänger sein.

Wer kennt sich bei Blumen- und Tiernamen aus?

Spiele mit Naturmaterialien

Grasblattpfeifen

Fest zwischen die aneinander gelegten Daumen beider Hände geklemmt und nicht zu stark angespannt, lassen sich einem Grasblatt laute, zirpende Geräusche entlocken, wenn man über die scharfe Kante des Halms bläst. Mit ein bisschen Übung lassen sich auch Tonhöhe und Lautstärke regulieren.

Hahn oder Henne?

Im Frühsommer wachsen fast überall die wilden Süßgräser mit ihren langen, mit Blütenstaub bedeckten Rispen. Mit der Frage »Hahn oder Henne?« zeigt das Kind seinem Mitspieler einen Grashalm. Dieser muss sich nun für eines entscheiden. Das Kind, das gefragt hat, streift dann mit Daumen und Zeigefinger die Rispen des Grashalms ab. Sie stehen zwischen seinen Fingern wie die langen Schwanzfedern eines Hahns oder wie die kurzen einer Henne. Dann werden die Rollen getauscht, und der Befragte darf einen Grashalm für den abstreifen, der zuerst gefragt hat. Dieses Spiel wird ein paar Mal wiederholt. Gewonnen hat, wer öfter richtig geraten hat.

Eine Geschichte ohne Ende?

Für einen langen Sommerabend am offenen Feuer draußen, wenn es noch zu früh ist, schlafen zu gehen, macht diese alte Geschichte vom faulen Knecht Jockel Spaß.

Reim

Der Herr, der schickt den Jockel aus

Der Herr, der schickt den Jockel aus,
er soll den Hafer schneiden.
Der Jockel schneid't den Hafer nicht
und kommt auch nicht nach Haus.

Da schickt der Herr den Pudel aus,
er soll den Jockel beißen.
Der Pudel beißt den Jockel nicht,
der Jockel schneid't den Hafer nicht
und kommt auch nicht nach Haus.

Da schickt der Herr den Prügel aus,
er soll den Pudel hauen.
Der Prügel haut den Pudel nicht,
der Pudel beißt den Jockel nicht,
der Jockel schneid't den Hafer nicht
und kommt auch nicht nach Haus.

Da schickt der Herr das Feuer aus,
es soll den Prügel brennen.
Das Feuer brennt den Prügel nicht,
der Prügel haut den Pudel nicht,
der Pudel beißt den Jockel nicht,
der Jockel schneid't den Hafer nicht
und kommt auch nicht nach Haus.

Da schickt der Herr das Wasser aus,
es soll das Feuer löschen.
Das Wasser löscht das Feuer nicht,
das Feuer brennt den Prügel nicht,
der Prügel haut den Pudel nicht,
der Pudel beißt den Jockel nicht,
der Jockel schneid't den Hafer nicht
und kommt auch nicht nach Haus.

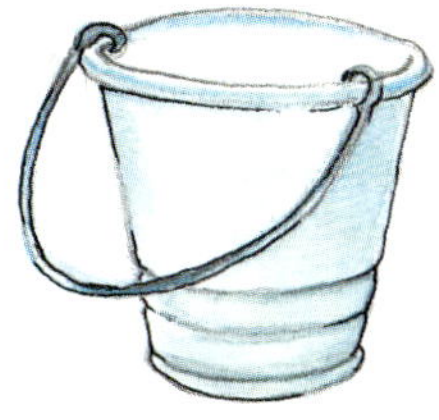

Da schickt der Herr den Ochsen aus,
er soll das Wasser saufen.
Der Ochse säuft das Wasser nicht,
das Wasser löscht das Feuer nicht,
das Feuer brennt den Prügel nicht,
der Prügel haut den Pudel nicht,
der Pudel beißt den Jockel nicht,
der Jockel schneid't den Hafer nicht
und kommt auch nicht nach Haus.

Da schickt der Herr den Metzger aus,
er soll den Ochsen schlachten.
Der Metzger schlacht' den Ochsen,
der Ochse säuft das Wasser,
das Wasser löscht das Feuer,
das Feuer brennt den Prügel,
der Prügel haut den Pudel,
der Pudel beißt den Jockel,
der Jockel schneid't den Hafer
und kommt dann auch nach Haus.

Reim

Ene bene Bohnenblatt

Ene bene Bohnenblatt,
wie viel Küh sind noch nicht satt?
Sieben Geiß' und eine Kuh.
Sankt Peter schlägt die Stalltür zu
und schmeißt die Schlüssel übern Rhein:
Morgen wird schön' Wetter sein.

Wer zu Beginn des Sommers ein paar Bohnenkeimlinge einsetzt, kann beobachten, wie eine Pflanze wächst, sich entfaltet und blüht. Und dann wird geerntet und ein feines Gericht daraus zubereitet.

Jahreszeitentisch

Im Sommer kann man Weidenzweige mit nach Hause bringen, aus denen sich Pfeil und Bogen basteln lassen, oder Getreideähren für einen Ährenstrauß bzw. -kranz für den Esstisch. Auch Schätze aus den Ferien, wie Muscheln vom Strand, Sand, Schwemmholz oder Kiesel aus dem See, lassen sich zu einer Jahreszeitencollage anrichten. Der Sommer ist die Zeit des Spiels, der Bewegung und der Freiheit für das Kind.

Der Herbst

Die helle Bahn der Sonne neigt sich immer mehr der Erde zu, die Tage werden langsam wieder kürzer, das Licht ist milder und weicher, nicht mehr so strahlend wie noch Wochen zuvor: Der Herbst zieht ins Land.

Lied

Spannenlanger Hansel

Text und Melodie: volkstümlich

2. Spannenlanger Hansel, nudeldicke Dirn,
gehn wir auf das Bergerl miteinand' spaziern.
Iss du deine großen, ess ich meine klein',
wenn das Sackerl leer ist, gehn wir wieder heim.

Herbstzeit ist Erntezeit. Jetzt gibt es die besten einheimischen Obstsorten. Aber nicht die übergroßen Früchte sind am vitaminreichsten, sondern die naturbelassenen kleinen, oft verhutzelten.

Herbstzeit ist Erntezeit

Die Natur deckt noch einmal üppig den Tisch. Dies zeigt sich an den Früchten, die jetzt reif geworden sind, an Birnen, Äpfeln, Pflaumen, an dicken Kürbissen, Hagebutten, Holunderbeeren und Nüssen. Alle diese Früchte eignen sich, anders als die saftigen, erfrischenden, aber schnell verderblichen Sommerbeeren, besonders gut zum Lagern und sind deshalb sehr geeignet für die Vorratshaltung für lange Wintermonate.
Es macht großen Spaß, mit Kindern zusammen ein paar Vorräte für den Winter zusammenzustellen, auch wenn dies in unserer heutigen Zeit eigentlich nicht unbedingt notwendig wäre, da uns rund ums Jahr eigentlich alles zur Verfügung steht.
Das Sammeln und Aufbewahren für dürftigere Zeiten ist jedoch ein Vorgang, der sich jetzt in der Natur ebenfalls abspielt. So kann man beispielsweise die fleißigen Eichhörnchen beobachten, die emsig herumhuschen und Nüsse sowie Beeren für ihren Wintervorrat sammeln.

Wintervorrat

Getrocknete Apfel- oder Birnenscheiben: Äpfel oder Birnen schälen, das Kerngehäuse entfernen und die Äpfel in etwa ein Zentimeter dicke Ringe, die Birnen in Scheiben schneiden. Die Apfelringe oder Birnenscheiben auf einem Backblech ausbreiten und bei 60 bis 70 °C über einige Stunden trocknen lassen. Einfacher und schneller geht das Trocknen in speziellen Dörrgeräten, die im Fachhandel erhältlich sind. Die getrockneten Früchte sind eine leckere und gesunde Nascherei für zwischendurch.

Für die Weihnachtsbäckerei besonders wichtig ist eine Frucht, die im Herbst geerntet wird, nämlich die Haselnuss. Sie wird mit der grünen Hülle geerntet und im Freien getrocknet.

In einem kleinen Apfel

Text und Melodie: volkstümlich

Lied

2. In jedem Stübchen wohnen zwei Kerne, schwarz und fein,
die liegen drin und träumen vom lieben Sonnenschein.

3. Sie träumen auch noch weiter gar einen schönen Traum,
wie sie einst werden hängen am lieben Weihnachtsbaum.

Äpfel spielen in vielen Märchen eine wichtige Rolle. Sie tauchen als goldene Äpfel auf, die der Preis für eine Königstocher sind, als vergiftete Äpfel wie bei Schneewittchen oder als Unheilbringer wie in den Erzählungen aus 1001 Nacht.

Wir feiern Erntedank

Seitdem die Menschen Ackerbau betreiben, gibt es zum Abschluss der Ernte und der Feldarbeit in vielen Kulturen Dankfeste. Opferte man früher verschiedenen Göttern, beispielsweise der Göttin Demeter bei den Griechen oder Wotan bei den Germanen, so wird in der christlichen Tradition Ende Oktober das Erntedankfest gefeiert. Dabei danken die Menschen Gott für die guten Gaben, wobei die Kirche üppig mit Getreide, Früchten, Kürbissen, Ährensträußen, gebackenem Brot in Form von Kränzen oder Zöpfen und den schönsten Herbstblumen geschmückt ist.
Alternativ zum Erntedank-Gottesdienst können Eltern und Kinder selbst mit ein paar lieben Gästen zu Hause ein kleines Erntedankfest feiern, zu dem jede/r etwas Selbstgesammeltes, Selbstgebackenes oder -gekochtes beisteuert. Kinder können helfen, die Zimmer schön mit herbstlichen Blättern, Kastanien, Eicheln und Nüssen zu schmücken.

Reim

Ein guter Mann

Der Herbst, der Herbst, das ist mein Mann,
den ich vor allen leiden kann;
er kommt doch nicht mit leerem Sack,
bringt einen großen Huckepack.
Was wird darein
wohl alles sein?
Kartoffeln und Rüben, Äpfel und Pflaumen,
Birnen und Nüsse für Magen und Gaumen.
Er geht zum grünen Feld hinaus
und schüttet seinen Sack dort aus;
die Rüben fallen auf den Sand,
Kartoffeln regnet's auf das Land.
Ei, ei, wie schad',
dass doch gerad'
Äpfel und Pflaumen hüben und drüben
in den Bäumen sind hängen geblieben!

Bei schlechtem Wetter kann man aus den gesammelten Schätzen auch gemeinsam etwas basteln, miteinander singen und essen.

O, lieber Herbst, sei lieb und fein,
und denk doch an uns Kinderlein;
die Äpfel schütte in den Sand
und Birnen und Pflaumen auf das Land;
denn wir sind klein,
wir Kinderlein!
Wären doch lieber Kartoffeln und Rüben
in den Bäumen dort hängen geblieben!

Da lacht der Herbst, der gute Mann,
und fasst die Bäume kräftig an
und schüttelt sie mit starker Faust,
dass es durch alle Zweige saust.
Hei, was ist das?
Was fällt ins Gras?
Äpfel und Pflaumen –
welch ein Segen!
Birnen und Nüsse –
o köstlicher Regen!

Fingerspiele

Wie das Fähnchen

Wie das Fähnchen auf dem Turm sich kann drehn bei Wind und Sturm, so soll sich mein Händchen drehn,	*Ellenbogen aufstützen, Hände hin und her schwenken, wiederholen, schneller werden,*
dass es schön ist anzusehn.	*in Schütteln übergehen.*

Das ist der Daumen

Das ist der Daumen,	*Nacheinander alle Finger umlegen,*
der schüttelt die Pflaumen, der liest sie auf, der trägt sie nach Haus,	
und der kleine Schelm isst sie alle auf.	*nur den kleinen nicht.*

Laternenlaufen an Sankt Martin

Eine beliebte Beschäftigung im Spätherbst war das Schnitzen eines Rübengeistes. Seine Aufgabe war es, die bösen Mächte der Finsternis, die im Herbst wieder stärker werden, vom Haus fern zu halten. So konnte man an Herbstabenden auf den Fensterbrettern der Bauernhäuser die unheimlich flackernden Gesichter sehen, die weit in die dunkle Nacht hineinleuchteten. Auf einem Stock befestigt, können die Geister als Laternen beim Sankt-Martins-Zug teilnehmen.

Bastelvorschläge

Seit Jahrhunderten wird am 11. November das Fest des heiligen Sankt Martin gefeiert. Besonders der Laternenumzug mit den Lichtern und der festlichen Stimmung ist für Kinder der Höhepunkt des Martinsfestes. Noch stimmungsvoller wird der Zug, wenn ein paar Musikanten mitgehen.

Rübengeist

Für einen Rübengeist holen sich die Kinder eine dicke Futterrübe (direkt beim Bauern oder auf einem Wochenmarkt). Auch ein Kürbis eignet sich gut. Nachdem der Strunk entfernt ist, schneidet man von der Rübe oben etwa ein Fünftel gerade ab. Damit die Laterne einen guten Stand bekommt, schneidet man die Rübe auch unten gerade ab. Jetzt kann man sie mit einem Messer und einem Löffel aushöhlen, bis die Wand noch etwa 2,5 bis 3 Zentimeter dick ist. Auch der oben abgeschnittene Deckel wird ausgehöhlt. Er bekommt außerdem ein Loch, damit die Kerze brennen kann.
Nun kann man ein Gesicht einschneiden. Das kann fröhlich oder traurig aussehen. Besonders unheimlich wirkt das Rübengesicht, wenn im Mund einige Zähne eingekerbt werden.
Auch im abgeschnittenen oberen Teil der Rübe lassen sich ein paar Streifen quer oder längs einschneiden. Das sieht dann aus wie Runzeln oder Haare. Zum Schluss wird eine brennende Kerze hineingestellt und mit einem Nagel von unten her befestigt. Nun kann der Rübengeist herumspuken.

Blätterkronen

Aus den Blättern des Ahornbaumes basteln Kinder gerne Königs- oder Königinnenkronen, indem viele Blätter jeweils halb überlappend aufeinander gelegt und mit einfachem Heftstich zusammengenäht werden.

Kastanienmännchen

Für ein Kastanienmännchen benötigt man frische Kastanien in verschiedenen Größen. In eine größere Kastanie werden für Arme, Beine und Hals kleine Löcher gebohrt. Für den Kopf wird eine etwas kleinere Kastanie verwendet. Die Füße bestehen aus halbierten Kastanien. Mit zugespitzten Streichhölzern werden die Teile zusammengefügt. Als Hut dienen aufgespreizte Fruchthülsen von Bucheckern oder die Hülsen von Eicheln. Mit einem aufgemalten Gesicht sieht das Männchen dann besonders lebendig aus.
Auf die gleiche Weise lassen sich auch allerhand Tiere herstellen, wie etwa ein kleiner Igel oder ein wilder Drache. Als Kopf wird dabei eine bereits geöffnete grüne Kastanienschale verwendet, in deren Spalt die braune Kastanie zu sehen ist. Als Augen werden oben auf den Kopf zwei Spieße mit kleinen schwarzen Beeren gesteckt. Als Drachenflügel können zwei jeweils an einer Seite festgesteckte, gezackte und rot gefärbte Blätter dienen.

Die Kastanienmännchen brauchen natürlich auch ein Zuhause. Auf einem Tablett wird eine Landschaft aus Sand und Erde erschaffen, mit Ästen als Bäume und Steinen als Berge.

Freude am Herbstwind

Bei sonnigem, windigem Wetter kann man noch einen Spaziergang zu einem größeren freien Platz oder Feld einplanen, um einem der schönsten traditionellen Vergnügen im Herbst nachzugehen: Drachen steigen lassen!
Dieses Spiel mit dem Wind lässt Kinder unermüdlich auf und ab laufen, und sie geben nicht auf, bis ihr Drache endlich vom Wind erfasst wird und hochsteigt. Hierbei ist es oft so, dass Väter und Mütter an den Spaß ihrer eigenen Kindheit erinnert werden und sie den Drachen ihres Kindes oft ungern aus der Hand geben. Deshalb ist es von Vorteil, mindestens zwei Drachen dabeizuhaben.

Geübte Bastler können sich aus Holzstäben und Transparentpapier sehr schöne Drachen selbst bauen. Es gibt jedoch auch wunderschöne, farbenprächtige Drachen zu kaufen, die man sogar mit den Schnüren lenken kann.

Reim

Blättlein Naseweis

Es saß ein Blatt am Baume,
das träumte vor sich hin
und seufzte: »Ach, dass ich kein Falter,
kein bunter Falter bin!«

Bunte Herbstblätter lassen sich sehr gut pressen und dann als Verzierung fürs Briefpapier verwenden.

Da kam der Herbst gegangen,
und siehe! über Nacht
ward 's Blättlein goldig und purpurn.
Ach, war das eine Pracht!
Nicht lange, so rauschte der Herbstwind
und machte das Blättlein frei
und trug es empor in die Lüfte.
»Hei!«, jauchzte es da. »Juchhei!«

Es gaukelte auf und nieder,
es schaukelte hin und her
und rief: »Jetzt bin ich ein Falter!
Juchheißa! Was will ich noch mehr!«

Der Herbstwind hat es gebettet
ins dürre Heidegras;
da liegt es nun zwischen den Halmen,
wird welk und matt und blass.

Und leise spricht das Blättlein,
ganz leise wie im Traum:
»Ach, säße ich doch noch immer
auf meinem Zweig am Baum!«

Jahreszeitentisch

Der Herbst schenkt uns Blätter in der schönsten Farbenpracht, die Kinder ebenso mit Begeisterung sammeln wie die herabfallenden Kastanien und Eicheln. Daraus lassen sich lustige Tiere und Männchen für den Jahreszeitentisch basteln.

Der Winter

Die Vorweihnachts- und Winterzeit macht uns den Weg des Lichtes in die Dunkelheit bewusst. Wir werden nach innen geführt, und es bieten sich ruhige Rituale an, die uns die Bedeutung des zunehmenden Dunkels vermitteln können. Dies kann z. B. nach dem abendlichen Heimkehren von draußen das Anzünden von Kerzen oder Räucherwerk sein.

Es ist eine Zeit, in der draußen in der Natur scheinbar alles gestorben ist, in Wirklichkeit jedoch nur ein Ruhen und Kräftesammeln für den im Frühjahr neu beginnenden Jahreskreis stattfindet. Dieser Wechsel von Energie- und Ruhephasen durchzieht unsere Umgebung genauso wie unser tägliches Leben. Beide Phasen sollten, um im Einklang mit sich zu sein, ihre Zeit und ihren Raum haben. Insbesondere für Kinder ist der dadurch entstehende Rhythmus für eine harmonische und gesunde Entwicklung sehr wichtig.

Eine alte Tradition ist es, sich in dieser Zeit »immergrüne« Mistelzweige oder Zweige von Tannen, Fichten und Buchsbaum ins Haus zu holen. Sie sind ein Symbol für das Leben und seine Kraft. Wir können mit Kindern bei einem Waldspaziergang nach gefällten Nadelbäumen Ausschau halten, von denen wir uns einige Zweige mit nach Hause nehmen.

Auch der Weihnachtsbaum symbolisiert u. a. diese Lebenkraft.

Auch dem Winter gehört ein Viertel des Jahres: eine Zeit, in der sich die Natur erholen kann, bevor sie im Frühjahr wieder mit aller Kraft zu wachsen und zu blühen beginnt.

Herr Tannenbaum

Reim

Herr Tannenbaum, Herr Tannenbaum
du bist ein edler Reis,
du grünest uns im Winter
sowie zur Sommerszeit.

Lied

Der Winter ist ein rechter Mann

Text: Matthias Claudius;
Melodie: Johann Friedrich Reichardt

Von spröder Schönheit sind die Eisblumen am Fenster, die Werke des »rauen Gesellen« Winter.

2. Aus Blumen und aus Vogelsang
weiß er gar nichts zu machen,
hasst warmen Trank und warmen Klang
und alle warmen Sachen.

3. Sein Schloss von Eis liegt ganz hinaus
beim Nordpol an dem Strande,
doch hat er auch ein Sommerhaus
im lieben Schweizerlande.

4. Da ist er denn bald dort, bald hier,
gut Regiment zu führen,
wenn er durchzieht, dann stehen wir
und sehn ihn an und frieren.

A, a, a, der Winter, der ist da

Text: A. H. Hoffmann von Fallersleben;
Melodie: volkstümlich

2. E, e, e, nun gibt es Eis und Schnee!
Blumen blühn an Fensterscheiben,
Flocken froh im Winde treiben.

3. I, i, i, vergiss des Armen nie!
Womit soll er sich bedecken,
wenn ihn Frost und Kälte schrecken?

4. O, o, o, wie sind die Kindlein froh!
Sehen jede Nacht im Traume
sich schon unterm Weihnachtsbaume.

5. U, u, u, du lieber Winter, du!
Schenkst uns schöne Weihnachtsgaben,
sollst nun unsern Dank auch haben.

Lied

Denkt man an den Winter, denkt man auch an Schnee und Weihnachten, das in der ganzen Welt auf unterschiedlichste Weise gefeiert wird.

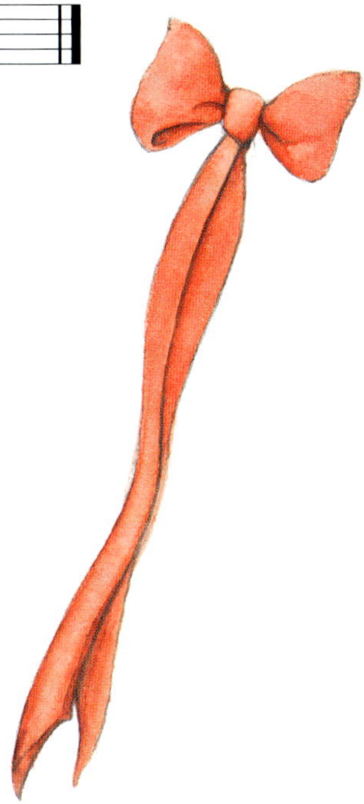

Besinnliches Vorweihnachten

Die Zeit des Verweilens in der guten Stube kann in vielfältiger Weise genutzt werden: Basteln für die Weihnachtszeit, gemeinsames Backen von Plätzchen für Weihnachten, Vorlesen von Märchen und Geschichten, Anschauen von Fotos oder Einkleben von Fotos in ein Album sind Tätigkeiten, die Ruhe und Zeit erfordern und sich gut für diese Winterzeit eignen.
Brutzeln dann daneben noch leckere Bratäpfel im Ofen, verbringen auch Kinder gerne einmal längere Zeit drinnen.
Der Duft, der dann die Wohnung durchzieht, erinnert auch Erwachsene an die als Kind erlebten, gemütlichen Winternachmittage.

Bratäpfel

Jetzt ist Weihnachten nicht mehr weit, und die Vorfreude wird immer größer. Wird es schneien am Heiligen Abend? Bringt das Christkind die gewünschte Puppe? Was gibt es Feines zu essen? Wie sieht der Christbaum aus?

Äpfel (am besten eignet sich dazu die Sorte »Boskop«) schälen und vom Kerngehäuse befreien, in eine gebutterte, feuerfeste Form setzen und die ausgehöhlten Stellen mit Rosinen, klein gehackten Haselnüssen und Kandis- oder Würfelzucker füllen. Obendrauf je ein Stückchen Butter setzen und die Äpfel im Ofen bei 200 °C etwa eine halbe Stunde braten. Dazu schmeckt eine Vanillesauce.

Piep, piep, piep

Text und Melodie: mündlich überliefert;
aufgezeichnet von Carla Maria Rieke

Lied

Viele Vögel verlassen wegen des winterlichen Futtermangels bereits im Herbst ihre Heimat und ziehen scharenweise in ferne Länder. Die meisten Zugvögel Europas überwintern in Afrika.

Spiel und Spaß im Schnee

Schreitet der Winter weiter fort und fällt endlich der heiß ersehnte erste Schnee, ist es eine wunderschöne Beschäftigung, den tanzenden, wirbelnden Schneeflocken zuzusehen und die vielfältigen Formen der Eiskristalle zu bewundern.

Lied

Schneeflöckchen, Weißröckchen

Text und Melodie: volkstümlich

2. Komm, setz dich ans Fenster,
du lieblicher Stern,
malst Blumen und Blätter,
wir haben dich gern.

3. Schneeflöckchen, du deckst uns
die Blümelein zu.
Dann schlafen sie sicher
in himmlischer Ruh.

4. Schneeflöckchen, Weißröckchen,
komm zu uns ins Tal.
Wir bauen den Schneemann
und werfen den Ball.

Seit mehr als 200 Jahren singen Kinder dieses wunderschöne Winterlied. Es bringt die Vorfreude auf die weiße Pracht zum Ausdruck und beschreibt auch die Poesie einer verschneiten Landschaft.

Doch dann gibt es kein Halten in der Wohnung mehr: Schnell rennen die Kinder hinaus und lassen sich oft einfach in den Schnee fallen. Durch das Hin- und Herbewegen von Armen und Beinen entstehen Figuren im Schnee, wie z. B. Adler oder Engel. Man kann überall Schneemänner bauen, und eine Schneeballschlacht kommt sofort in Gang, wo mehrere Kinder zusammen sind.

Die Katze im Schnee

Text und Melodie: volkstümlich

Lied

Wenn eine Katze durch tiefen Schnee gelaufen ist und danach in die warme Stube kommt, wird das Fell mit der rosa Zunge zuerst gründlich trockengeleckt, bevor sie sich zufrieden zum Schlafen in ihrem Körbchen einrollt.

2. ABC, das Kätzchen lief zur Höh,
sie leckt' ihr kaltes Pfötchen rein
und putzt' sich auch die Höselein,
ojemine, ojemine,
und ging nicht mehr in 'n Schnee.

Reim

Ans Fenster kommt und seht

Ans Fenster kommt und seht,
was heute vor sich geht:
Es kommt vom grauen Himmel
in dämmerndem Gewimmel
der erste Schnee herab.
Die Flocken, auf und ab
wie Schmetterlinge fliegen sie,
wie weiße Blätter wiegen sie
in leichten Lüften sich …
Hurra! Wie freu ich mich!
Nun lasst uns gleich mal sehen,
wo unsere Schlitten stehen,
der große und der kleine,
der meine und der deine!
Mariechen, zieh den Mantel an,
da draußen ist die Schlittenbahn!

Eiskalte, weiße Pracht

Vielleicht kommt ja einmal eine »Eskimomutter« mit einer Thermoskanne voll heißer Schokolade und ein paar Keksen am Iglu vorbei. Noch ein paar Kerzen, dicke Pappdeckel zum Draufsitzen, und schon ist das gemütliche Eskimocafé fertig.

Liegt einmal richtig viel Schnee, können Kinder versuchen, sich aus mehreren geformten Schneewürfeln ein kleines Iglu zu bauen. Es genügt schon, wenn es als Rund gebaut und halb hoch ist; es muss nicht einmal unbedingt ein Dach haben.

Die Wintersportarten Rodeln und Skilaufen können von Kindern auch an den kleinsten Hängen und Buckeln probiert werden, es muss nicht unbedingt ein richtiger Winterurlaub im Skigebiet sein. Wer jedoch Gelegenheit dazu hat, Ferien in einer schönen Gegend zu verbringen, kann die Reinheit und Weite einer tief verschneiten Winterlandschaft gemeinsam mit seinen Kindern erleben.

Eislaufen ist natürlich am schönsten auf einem zugefrorenen Weiher oder See. Die Eisdecke muss aber richtig dick sein. Abgesperrte Stellen nicht betreten! Aber auch im Eisstadion in der Stadt macht es älteren Kindern großes Vergnügen.

Reime

Wenn es Winter wird

Der See hat eine Haut bekommen,
So dass man fast drauf gehen kann,
Und kommt ein großer Fisch geschwommen,
So stößt er mit der Nase an.

Und nimmst du einen Kieselstein
Und wirfst ihn drauf, so macht es klirr
Und titscher-titscher-titscher-dirr …
Heißa, du lustiger Kieselstein!

Er zwitschert wie ein Vögelein
Und tut als wie ein Schwälblein fliegen –
Doch endlich bleibt mein Kieselstein
Ganz weit, ganz weit auf dem See draußen liegen.

Da kommen die Fische haufenweis
Und schaun durch das klare Fenster von Eis
Und denken, der Stein wär etwas zum Essen;
Doch so sehr sie die Nase ans Eis auch pressen,
Das Eis ist zu dick, das Eis ist zu alt,
Sie machen sich nur die Nasen kalt.

Aber bald, aber bald
Werden wir selbst auf eigenen Sohlen
Hinausgehn können und den Stein wieder holen.
(Christian Morgenstern)

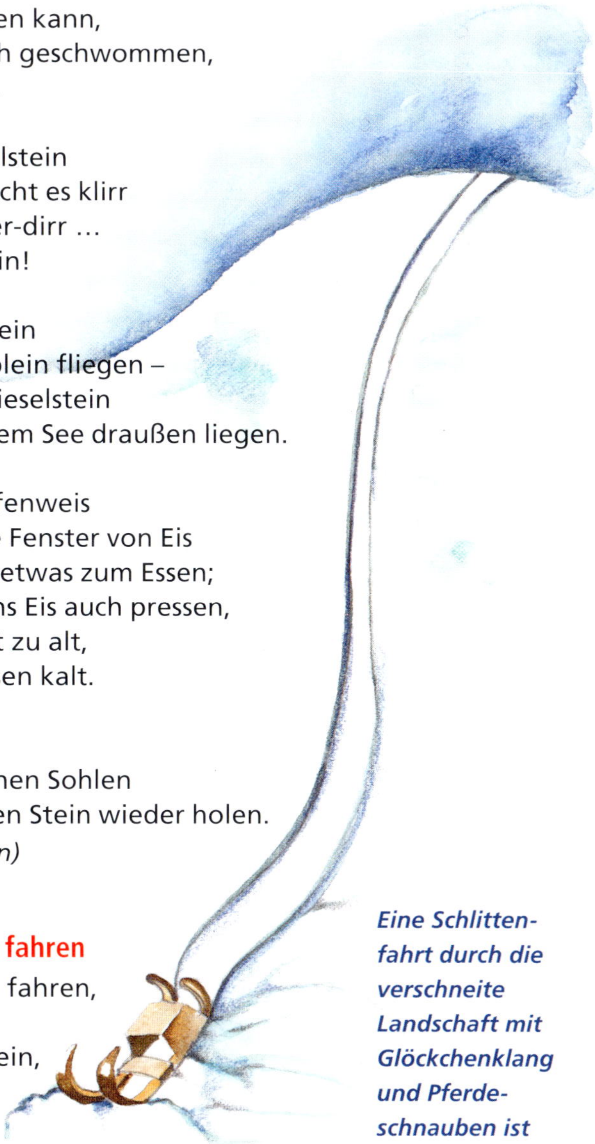

Morgen wolln wir Schlitten fahren

Eine Schlittenfahrt durch die verschneite Landschaft mit Glöckchenklang und Pferdeschnauben ist wunderschön.

Morgen wolln wir Schlitten fahren,
morgen um halb neune
spann ich meine Schimmel ein,
fahr ich ganz alleine.
Ganz alleine fahr ich nit,
da nehm ich meine Gretel mit.

Die Dunkelheit muss weichen

Immer wieder meldet sich der Winter mit Schneegestöber zurück – bis weit in den April hinein. Und die Eisheiligen mit Frosteinbrüchen sind sogar erst Mitte Mai vorbei.

Nach der Wintersonnenwende am 21. Dezember werden die Tage endlich wieder länger. Langsam, aber sicher nimmt die Helligkeit wieder zu, was die Eltern in den folgenden Wochen gemeinsam mit den Kindern beobachten können. Man kann beispielsweise feststellen, dass es beim Heimkommen um 17 Uhr nicht mehr ganz so dunkel ist wie noch in der Zeit vor Weihnachten.

Mariä Lichtmess am 2. Februar gilt schließlich als das Fest des sich mehrenden Lichtes. Der Volksmund sagt:

Es wird heller,
Weihnachten um einen Hahnentritt,
Neujahr um einen Hirschensprung
und Lichtmess um eine ganze Stunde.

Reim

Wintergebet

Wie dunkel ist's, wie wirbelt's heut.
Erbarm dich, Gott, der armen Leut.

Wohl mancher friert in Schnee und Wind,
o leit ihn, dass er Hilfe find't.

Und irrt ein Kind in Nacht und Graus,
so führ's in seiner Eltern Haus.

Du wachest auch in Sturm und Nacht,
behüt sie all mit Lieb und Macht.

Spiel

Fußstapfen

Wenn die Wintersonne glänzend und warm herniederscheint, stapfen die Kinder im tiefen Schnee. Der Schnee ist dabei wie ein weißer Teppich, und ihre Füße sinken hinein.

Hinter jedem Kind laufen seine Fußstapfen her, bald große, bald ganz kleine, bald krumme, bald gerade – als wollten sie es fangen.

Wie schwarze Mäuschen sehen sie aus, die immer zwei und zwei miteinander marschieren. Die Fußstapfen laufen in den Wald hinein, rundherum um einen alten Tannenbaum. Da spielen sie Ringelreihen. Wohin sie dann gehen? Such selbst!

Schneeglöckchen

Reim

Es schlief ein weißes Glöckchen
halb unterm Schnee verdeckt,
das hat mit ihrem Kusse
die Sonne aufgeweckt.

Es streckt sein zartes Stängelein
und läutet hell und fein:
Wacht auf, ihr lieben Schwestern,
es kehrt der Frühling ein!

Das hört das blaue Veilchen,
die Tulpe guckt hervor,
das kleine Gänseblümchen
spitzt auch das rote Ohr.

Doch als die Schwestern blühten,
schlief 's Glöcklein wieder ein.
Es mag vom vielen Läuten
ganz müd geworden sein.

Jahreszeitentisch

Für die winterliche oder weihnachtliche Stimmung können in den Zimmern verteilte Tannenzweige sorgen, geschmückt mit besonders schönen Zapfen und vielleicht um einen Kerzenständer mit einer Bienenwachskerze herumgelegt.
Im ausgehenden Winter können ein paar Schneeglöckchen in einer kleinen Vase den Tisch schmücken, umgeben von einigen schönen, weißen Steinen, um die Kargheit und schlichte Schönheit des Winters zu symbolisieren.

Neben Schneeglöckchen wecken bunte Krokusse und blaue Veilchen die Sehnsucht nach dem Frühjahr.

DER SONNTAG KLOPFT BEIM MONTAG AN …

Eine verlässliche Struktur der Woche gibt Kindern nicht nur Rückhalt, sondern hilft ihnen, sich zu orientieren, trägt also dazu bei, dass sie selbstständig werden. Rituale prägen noch stärker ein, welche Ereignisse wann stattfinden, und Kinder können sich gut darauf einstellen. Durch die Verbindlichkeit dieses Wochenplans für alle übernehmen auch sie problemlos Verantwortung für ihre kleinen Aufgaben im Alltag.

Montag bis Sonntag – die Kinderwoche

Sonntagsrituale gibt es fast in jeder Familie. Die Kinder dürfen ins Bett der Eltern kriechen, und es folgt eine Kissenschlacht. Und zum Frühstück gibt es die feinsten Sachen. Ungeliebte Rituale wie früher der langweilige Sonntagsspaziergang in schönen Kleidern sind anderen Unternehmungen gewichen, an denen Eltern und Kinder Freude haben.

Etwa ab dem Kindergartenalter lernt das Kind, zwischen den Wochentagen zu unterscheiden – durch die besonderen Ereignisse, die mit ihnen zusammenhängen. Es weiß beispielsweise, dass es von Montag bis Freitag vormittags oder nachmittags in einer Kindergruppe zubringt und dass am Wochenende Pause ist. In manchen Familien haben sich dazu bis heute unter der Woche bestimmte Rhythmen erhalten, die vor allem dazu dienen, der Mutter die Haushaltsführung zu erleichtern. Es gibt vielleicht einen bestimmten Waschtag, an dem die Wäsche gemacht wird, einen Tag, an dem der Großeinkauf stattfindet, oder einen Badetag, an dem die Kinder in die Badewanne gesteckt werden.

Jeden Tag ein anderes Essen

In früheren Zeiten wurden die Wochentage auch mit verschiedenen Arten von Mahlzeiten verbunden. Während unter der Woche einfache, nahrhafte Gerichte mit den Zutaten vom Feld und aus dem Garten zubereitet wurden, gab es am Freitag Fisch. Und am Sonntag stand ein Braten auf dem Tisch, am Nachmittag gab es dann vielleicht auch noch einen Sonntagskuchen. Überdenkt man diese – ritualisierte – Nahrungsauswahl, erscheint sie nach heutigen Erkenntnissen und im Hinblick auf eine ausgewogene Ernährung sehr vernünftig.

Jeden Tag eine kleine Aufgabe

Ein Wochenplan, der auch die jüngeren Familienmitglieder in kleinere – ihrem Alter angemessene – Haushaltspflichten einbindet, ist ein Ritual, das innerhalb der Familie Gleichmaß und Festigkeit gewährleistet. Kinder ab etwa vier Jahren mögen es ganz gern, wenn sie ganz ungezwungen mit in die Hausarbeit einbezogen werden. Zu solchen Pflichten, die täglich oder wöchentlich geändert oder unter den Kindern verteilt werden können, gehören beispielsweise: die Zeitung morgens aus dem Briefkasten zu holen, den Mülleimer hinunterzutragen, beim Kuchenbacken zu helfen, das Geschirr abzutrocknen oder aus der Spülmaschine zu holen, den Tisch für eine Mahlzeit zu decken oder abzuräumen, die Haustiere zu versorgen, das Spielzeug aufzuräumen, bevor man schlafen geht. Eine klare Aufgabenverteilung in der Familie hilft dabei, die Konzentration auf eine bestimmte Sache zu fördern. Doch auch das Gemeinschafts- und Verantwortungsgefühl füreinander werden gestärkt. Sie gibt den Kindern das Gefühl, dass sie gebraucht werden und dass sie wichtige Aufgaben innerhalb der Familie übernehmen können.

Kinder sollten nicht nur Handlangerdienste verrichten müssen. Je nach Alter dürfen sie mit anspruchsvollen Arbeiten zum Gemeinwohl beitragen. Ein Tier zu betreuen gehört dazu.

Die sieben Diener

Reim

Der Sonntag klopft beim Montag an:
»Weißt du nicht, wer mir dienen kann?«
Der Montag ist so müd und matt
und holt sich erst am Dienstag Rat.
Der Dienstag lässt ihn einfach stehn:
»Ich will mal schnell zum Mittwoch gehn.«
Der Mittwoch weiß nur halb Bescheid;
doch wohnt der Donnerstag nicht weit.
Der Donnerstag kann auch nichts sagen
und will zuerst den Freitag fragen.
Der Freitag aber lächelt schlau:
»Das weiß der Samstag ganz genau.«
Der Samstag spricht: »Das ist zu dumm;
nun ist die ganze Woche um.
Macht auf das Tor und lasst ihn ein:
Der Sonntag soll willkommen sein!
Wir sieben dienen nach der Reih;
dann wird die Woche wieder neu.«

(Otto Scholz)

Am Ende der Woche

Die Erwartungen an das Wochenende sind oft sehr hoch. Kinder, Väter, Mütter, Großeltern haben häufig sehr unterschiedliche Wünsche. Kleine Rituale, wie z. B. ein gemeinsames Mittagessen, schaffen einen verbindenden Rahmen.

Das Wochenende schließlich kann den Kindern zeigen, dass es vom normalen Alltag abweichende, ganz besondere Tage und Höhepunkte gibt. Am Freitag oder am Samstag kann die Familie beispielsweise gemeinsam Pläne machen für einen Spaziergang, eine Wanderung oder einen Ausflug. Samstags kann man einen Sonntagskuchen zusammenrühren und in den Backofen schieben. Der Elternteil, der von Berufs wegen unter der Woche weniger Zeit für die Kinder hat, widmet sich ihnen am Nachmittag. Abends gehen die Kinder in die Badewanne, bekommen einen frischen Schlafanzug an und lassen sich gerne eine lange Geschichte vorlesen, bevor es endlich ins Bett geht.
Der Sonntag sollte, wenn möglich, immer ein kleiner Festtag sein. Am Morgen dürfen die Kinder ins Ehebett zum Spielen und Kuscheln. Danach wird der Frühstückstisch gemeinsam schön gedeckt, vielleicht mit frischen Blumen, und es gibt besonders gute Dinge zu essen. Eventuell geht man gemeinsam in die Kirche. Danach wird der Picknickkorb zusammengepackt, und es geht ins Grüne oder zu den Großeltern. Wichtig ist, dass die Familie das ungezwungene Beisammensein genießt und der Tag für alle etwas Besonderes ist.

Reime

Der kleine Baumeister

Ich baue ein Häuschen ganz allein,
will diese Woche noch fertig sein.
Am Montag mach ich den Bauplatz frei,
am Dienstag trag ich die Steine herbei,
am Mittwoch bau ich die Mauern auf,
am Donnerstag stell ich den Dachstuhl drauf,
am Freitag wird Ofen und Herd gemacht,
am Samstag werden die Möbel gebracht.
Am Sonntag kannst du mich schon besuchen,
die Mutter bäckt uns dazu einen Kuchen.

(U. Schwarz)

Wochenliedchen

Es war voll Äpfel ein Apfelbaum,
der hatte sieben Äste.
Bei jedem Ast ein Junge saß,
das waren sieben Gäste.
Der Montag hat am Stamm gerüttelt,
der Dienstag oben die Zweige geschüttelt,
die fallenden Äpfel las Mittwoch auf,
der Donnerstag schichtet sie schön zu Hauf',
der Freitag hat sie geputzt und gezählt,
der Samstag die reifsten ausgewählt,
aber der Sonntag, der lose Strick,
isst alle Äpfel im Augenblick.

(Karl Ferdinands)

STEHT AUF, IHR LIEBEN KINDERLEIN ...

Wenn der Tag beginnt, warten auf unsere Kinder eine Menge Herausforderungen, die bewältigt werden müssen. Da kann es einem beim Aufwachen schon mal mulmig werden. Ein kurzes Gespräch morgens, das gemeinsame Frühstück oder ein kleines Gebet – solche Rituale stärken das Selbstvertrauen und geben dem Kind das beruhigende Gefühl, von seinen Eltern geliebt und unterstützt zu werden – egal, was geschieht.

Ein Tag beginnt

Mit kleinen, einfachen Mitteln bekommt ein Kind klare Strukturen von früh bis spät, die ihm helfen, sich zurechtzufinden.

Ein geregelter Tagesablauf ist eines der wichtigsten Rituale für Kinder und nicht zuletzt für die Eltern, die sich durch eine entsprechende Struktur auch ein wenig Zeit für sich schaffen können. Schon dem Kleinkind bietet ein fester Tagesrhythmus eine wertvolle Orientierungshilfe. Die Mischung aus Phasen der Bewegung, der Entspannung und des Spiels sowie des geborgenen Miteinanders hilft ihm dabei, seine Wahrnehmungen leichter zu verarbeiten. Dieses übergeordnete Ritual fördert nicht nur die Selbstgewissheit, sondern auch die Ausbildung von Selbstvertrauen, indem das Kind lernt, dass es innerhalb eines festen Tagesablaufs eine besondere Rolle spielt. Außerdem lässt ein geregelter Tagesablauf mit gemeinsam festgelegten Vereinbarungen dem Geist des Kindes Raum, sich auf die Dinge zu konzentrieren, die wirklich wichtig für es sind.

Reim

Morgens früh um sechs

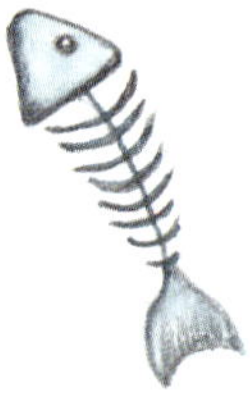

Morgens früh um sechs
kommt die kleine Hex;
morgens früh um sieben
schabt sie Gelbe Rüben;
morgens früh um acht
wird Kaffee gemacht;
morgens früh um neune
geht sie in die Scheune;
morgens früh um zehne
holt sie Holz und Späne;
feuert an um elfe,
kocht sie bis um zwölfe
Fröschebein und Krebs und Fisch.
Hurtig, Kinder, kommt zu Tisch!

Reim

Alle unsre Tauben

Alle unsre Tauben
sind schon lange wach,
sitzen auf den Lauben,
sitzen auf dem Dach,
sitzen auf dem Regenfass:
»Wer gibt denn uns Tauben was?«

Alle unsre Hennen
sind schon aus dem Stall,
gackeln schon und rennen,
scharren überall.
Und der Hahn kräht: »Futter her!
Immer mehr, nur immer mehr!«

Alle unsre Kleinen
machen ein Geschrei,
strampeln mit den Beinen,
wollen ihren Brei.
Lirum, larum, Löffelstiel,
wer krakeelt, der kriegt nicht viel.

Tauben, Hühner, kleine Kind'
jeden Morgen hungrig sind.

Tagesrituale für kleine Kinder

Für kleine Kinder ist der Ablauf des Tages stark von den Tätigkeiten der Mutter oder des Vaters, die es betreuen, bestimmt. Dazu gehört die Einkaufsrunde genauso wie das Staubsaugen oder Wäschewaschen. Feste Punkte sind immer die Mahlzeiten, die es am liebsten im Kreise der Familie einnimmt, das oder die Schläfchen zwischendurch und die Zeiten zum Spielen. Die ganz Kleinen lieben Fingerspiele und Kniereiterverse, die sie unendlich oft hören können und die sie nicht selten in sehr ausgelassene Stimmung versetzen.

Auch für größere Kinder sind feste Spielzeiten wichtig. Schaffen sich Vater oder Mutter während dieser Zeit eine Ruhepause zum Kaffeetrinken oder Zeitunglesen, lernen Kinder dadurch auch, sich alleine zu beschäftigen und so den Zugang zu ihren kreativen Möglichkeiten zu finden.

Fingerspiele

Ältere Kinder haben großen Spaß daran, den kleineren Geschwistern Fingerspiele beizubringen. Und vor allem können diese überall praktiziert werden: zu Hause, im Wartezimmer, im Auto oder im Zug.

Bei Fingerspielen werden die sensiblen Reflexzonen auf der Handinnenfläche angeregt und die Kinder durch das Kitzeln zum Lachen gebracht. Zugleich sind Fingerspiele vielseitig gefühlsmäßig und geistig anregend. Kinder erhalten so Impulse für die Entwicklung von Sprache sowie Denken und ihre schöpferischen Fähigkeiten. Ihre Geschicklichkeit, Körperbeherrschung und Konzentration ist gefragt. Es gibt dazu Reime, die an sich bedeutungslos sind, aber angenehm klingen, vor allem wenn sie mit einem unterhaltsamen Spiel verbunden sind. Andere Fingerspiele hingegen sind regelrechte Dramatisierungen von volkstümlichen Gedichten. Ihre Handlung ist für das Kind überschaubar und fesselnd. Viele Geschehnisse aus der Wirklichkeit findet das Kind in den Fingerspielen »nachgebildet« – gleich, ob es sich dabei um das Wetter, um Haustiere oder um bestimmte Tätigkeiten handelt. Und nicht selten ist der Kleinste (Finger) bei den Spielen der Schlaueste!

Kniereiterverse

Diese rhythmischen Sätze und Bewegungen stärken den Körpersinn und das Urvertrauen. Denn das Kind erlebt zwar das Ruckeln, Schaukeln und vielleicht sogar den Fall nach hinten über, doch wird es nie in Gefahr geraten zu stürzen, denn die Mutter oder der Vater hält es immer fest.

Fingerspiele für die Kleinen

Handmärchen

Ich weiß ein Ding,	*Man lässt beim Aufsagen*
heißt Piepering,	*den kleinen Finger*
kann gehn und drehn,	*über den Tisch laufen.*
kann auf dem Kopf nach Hause gehn.	

Steigt ein Büblein auf den Baum

Steigt ein Büblein auf den Baum,	*Finger klettern den Arm hoch;*
ei, wie hoch, man sieht es kaum.	
Hüpft von Ast zu Ästchen,	*von Schulter zu Schulter;*
schlüpft zum Vogelnestchen.	*mit den Händen formen;*
Ui, da lacht es!	*in die Hände klatschen;*
Bums, da kracht es!	*Hände auf den Ober-*
Plumps, da liegt es unten!	*schenkel.*

Noch unbekannte Begriffe und Wörter lernt ein Kind auf diese Weise ganz spielerisch. Sie können dieses Spiel auch mit Ihrem Baby spielen. Lassen Sie es an Ihrem Körper hochklettern, stellen Sie es auf Ihre rechte und linke Schulter sowie auf Ihren Kopf. Bei »Plumps« rutscht es in Ihre Arme.

Das ist der Vater

Das ist der Vater	*Auf den Daumen,*
mit frohem Mut,	
das ist die Mutter,	*Zeigefinger,*
lieb und gut,	
das ist der Bruder,	*Mittelfinger,*
schlank und groß,	
das ist die Schwester	*Ringfinger,*
mit dem Püppchen im Schoß,	
das ist das Kindchen,	*kleinen Finger*
klein und zart:	
Das ist die Familie	*und auf alle*
von guter Art.	*Finger deuten!*

Kniereiter und Lied

Hopp, hopp, hopp

Text und Melodie: volkstümlich

Setzen Sie Ihr Kind auf den Schoß, und halten Sie es an den Händen fest. Dann wird es im Sprachrhythmus gewiegt und geschüttelt. Aber am besten gefällt allen Kindern, wenn sie am Ende nach hinten geworfen und sicher aufgefangen werden.

2. Brr, brr, he!
Pferdchen, steh doch, steh!
Kannst ja schon gleich weiterspringen,
muss dir nur erst Futter bringen.
Brr, brr, he!
Pferdchen, steh doch, steh!

Kniereiter

Ein alter Posthalter

Ein alter Posthalter
von siebenzig Jahren,
der wollte gerne
ins Himmelreich fahren.
Die Schimmel, die Schimmel,
die waren so keck
und warfen den alten
Posthalter in' Dreck.

Schicke, schacke, Reiterpferd

Schicke, schacke, Reiterpferd,
Pferd ist nicht drei Pfennig wert.
Alle kleinen Kindchen
reiten auf dem Füllchen.
Wenn sie größer werden,
reiten sie auf Pferden.
Geht das Pferdchen trib, trib, trab,
fällt der kleine Reiter ab.

Hektik und immer höhere Anforderungen verleiten uns häufig dazu, lieb gewordene Gewohnheiten aufzugeben. Dabei können sie eine wohltuende und heilsame Bremse sein. Und für unsere Kinder sind sie wertvolle Hilfen.

Ein guter Start für größere Kinder

Für das Kindergarten- oder das Schulkind sind ebenso wie für ein Kleinkind Tagesgewohnheiten wichtig. Schließlich befindet es sich in einer fortgeschritteneren Phase der Loslösung. Es schätzt jedoch auch Rituale, die es für seine besonderen Aufgaben zu Hause motivieren und ihm den Gang nach außen und die Rückkehr in die Geborgenheit der Familie erleichtern. Für dieses Kind ist es beispielsweise besonders wichtig, nach dem Aufstehen gut in den Tag zu finden.

Der Mond, der scheint

Reim

Der Mond, der scheint,
das Kindlein weint,
die Glock schlägt zwölf,
dass Gott doch allen Kranken helf!

Gott alles weiß,
das Mäuslein beißt,
die Glock schlägt ein,
der Mond spielt auf dem Kissen dein.

Das Nönnchen läut'
zur Mettenzeit,
die Glock schlägt zwei,
sie gehn im Chor in einer Reih.

Der Wind, der weht,
der Hahn der kräht,
die Glock schlägt drei,
der Fuhrmann hebt sich von der Streu.

Der Gaul, der scharrt,
die Stalltür knarrt,
die Glock schlägt vier,
der Kutscher siebt den Haber schier.

Die Schwalbe lacht,
die Sonn erwacht,
die Glock schlägt fünf,
der Wandrer macht sich auf die Strümpf.

Das Huhn gegackt,
die Ente quackt,
die Glock schlägt sieben,
die Milch tu an das Fenster schieben.

Tu Butter ’nein,
und Zucker, fein,
die Glock schlägt acht,
geschwind dem Kind die Suppen bracht.

»Nur noch fünf Minuten …«

Besser ist es, ein Kind zehn Minuten früher zu wecken, damit es Zeit hat, langsam in den Tag einzusteigen.

Schulkindern fällt das frühe Aufstehen meist nicht mehr so leicht wie Klein- oder Kindergartenkindern, die häufig zu den notorischen Frühaufstehern gehören. Morgenlieder, von der Mutter beim Wecken oder beim morgendlichen Tischdecken, Kaffee- oder Teekochen gesungen, verbreiten eine heitere Grundstimmung im Haus. In einen Kanon, der leicht zu lernen ist, stimmen auch die Kleinen gern mit ein. Und: Ein Lied ist das wirkungsvollste Mittel, um dunkle Nachtgespenster zu verscheuchen.

Heraus aus den Betten

Text und Melodie: volkstümlich

Lied

Wenn möglich, sollten Eltern ihren Kindern vorleben, dass jeder Tag lebenswert ist und spannende Abenteuer bietet, auf die man sich freuen und an denen man seine Kräfte erproben kann.

Aus dem Land der Träume

Regelmäßiges Zähneputzen gehört zu den häufigsten und wichtigsten Ritualen, die dem Tag eine feste Struktur geben, genauso wie das Frühstück und der Abschiedskuss der Mutter an der Haustüre.

Der Morgen sollte in aller Ruhe beginnen und dem Kind genügend Zeit lassen, um sich noch im Bett zu räkeln und über seine Träume nachzudenken. Während es sich wäscht und anzieht, kann die Mutter oder der Vater ein gemeinsames Frühstück zubereiten. So bleibt bei dieser ersten Mahlzeit des Tages Zeit, um über die letzte Nacht (und das Geträumte) zu sprechen und sie damit abzuschließen.

Ein Tagesanfang kann auf vielfältige Weise gestaltet werden. Am wichtigsten ist, wie immer, dass er den Bedürfnissen der Eltern ebenso wie denen der Kinder angepasst ist. Das eine Kind bleibt morgens gerne im Bett liegen und spielt noch ein bisschen vor dem Aufstehen, das andere trinkt gerne seine Milch in den Armen seiner Mutter; wieder ein anderes liebt es, mit dem Vater zu frühstücken, den es während der Woche so wenig sieht. Auch ein gemeinsam gesprochenes Morgengebet stärkt das Vertrauen des Kindes in die Verlässlichkeit des Rahmens, in dem es sich aufgehoben fühlt.

Morgengebete

Morgengebet

Im Namen Gottes fang ich an,
mir helfe Gott, der helfen kann.
Wenn Gott mir hilft, wird alles leicht;
wo Gott nicht hilft, wird nichts erreicht.
Drum ist das Beste, was ich kann:
Im Namen Gottes fang ich an.

(Volksgut)

Ich tu die hellen Augen auf

Ich tu die hellen Augen auf
und schau, o Gott, zu dir hinauf.
Du hast mich in der dunklen Nacht
sanft schlafen lassen und bewacht.
Behüte mich auch diesen Tag,
dass mich kein Übel treffen mag.

(Volksgut)

»Guten Morgen« sollt ich sagen

Text und Melodie: Carl Reinicke

Lied

Kann ein Tag schöner beginnen als mit einem Strauß Blumen?

Was gibts's heute in der Schule?

Kleine Rituale stärken das Selbstvertrauen und verhelfen zu mehr Gelassenheit. Fragen Sie Ihr Kind beim Anziehen z. B.: »Was bist du?« Und Ihr Kind soll antworten: »Ich bin stark.« Wiederholen Sie dieses Frage-und-Antwort-Spiel.

Nach dem Frühstück sollte das Kind erzählen, was es für den Tag vorhat oder was auf es zukommt und die anderen Familienmitglieder sollten ebenfalls ihre Pläne ankündigen. Wenn das Schulkind eine schwierige Arbeit zu schreiben hat, kann man ihm ein gutes Mittagessen versprechen oder eine außergewöhnliche Aktivität für den Nachmittag. Wenn die Familie ihre Pläne miteinander abgestimmt hat, wird das Kind mit guten Wünschen in den Kindergarten oder die Schule entlassen. Für Schulkinder gibt es eine ganze Reihe von Reimen, die dem Lernalltag die Strenge nehmen und ihm helfen, das Ganze von der spielerischen Seite zu sehen.

Lied

Wenn ich morgens früh aufstehe

Text und Melodie: volkstümlich

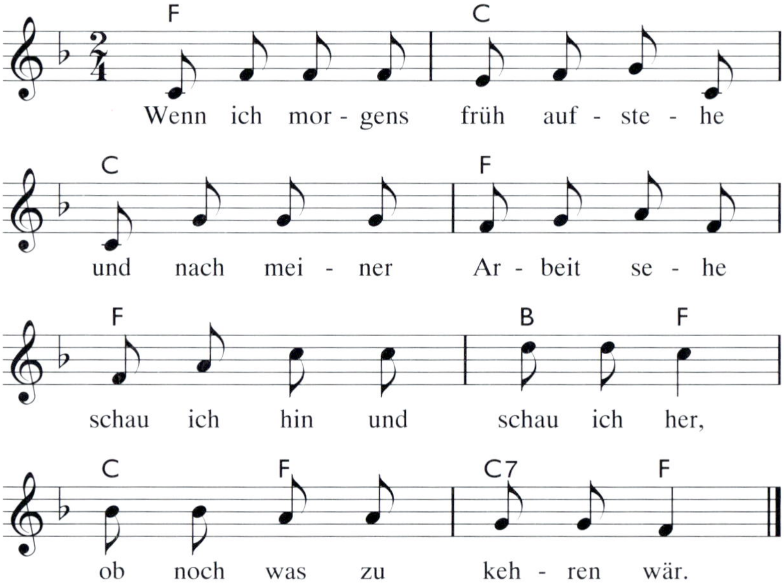

Rätsel für den ersten Schultag

Rätsel

Viele Fenster und auch Türen
sind im großen, großen Haus!
Viele Kinder sieht man laufen,
gehen dort täglich ein und aus.

(Der Kindergarten oder die Schule)

Rote Kirschen

Reime für Kinder, die manchmal keine Lust auf Schule haben

Rote Kirschen ess ich gern,
schwarze noch viel lieber.
In die Schule geh ich gern
alle Tage wieder.

Bunte Bohne Tintenfass

Bunte Bohne Tintenfass,
geh zur Schul und lerne was.
Lernste was, dann kannste was,
kannste was, dann biste was,
biste was, dann haste was,
bunte Bohne Tintenfass.

Ene mene Tintenfass,
geh zur Schul und lerne was.
Ene mene Sandbüchs,
bleib daheim, du kannst nix.

Ene mene Tintenfass,
geh zur Schul und lerne was.
Wenn du was gelernet hast,
komm nach Haus und sag mir was.

Wenn Sie den Eindruck haben, Ihr Kind fühlt sich überfordert, fragen Sie es nach seinen Problemen. Vielleicht sind sie leicht zu beheben.

Reime

Die Uhr

Es hat die Uhr geschlagen.
Was hat sie uns zu sagen?

Sie ruft: Ihr Kinder, aufgewacht!
Vorüber ist die lange Nacht.
Nun hurtig angekleidet,
Das Frühstück ist bereitet.

Es hat die Uhr geschlagen.
Was hat sie uns zu sagen?

Ihr Kinder, macht euch schnell bereit,
Es ist zur Schule hohe Zeit.
Das Buch zur Hand genommen,
Zu spät darf niemand kommen!

So hat die Uhr ihre zwei Seiten, eine ungeliebte und eine geliebte: Auf der einen Seite ruft sie uns zur Pflicht, auf der anderen entlässt sie uns auch wieder in die Freiheit zu Spiel und Spaß.

Es hat die Uhr geschlagen.
Was hat sie uns zu sagen?

Kommt Kinder, aus dem engen Haus
Zum frohen Spiel, die Schul ist aus,
Und aus ist's mit dem Fragen,
Was uns die Uhr geschlagen! *(Georg Lang)*

Eins-zwei-drei-vier-fünf-sechs-sieben

Eins-zwei-drei-vier-fünf-sechs-sieben,
in der Schule wird geschrieben,
in der Schule wird gelacht,
bis die ganze Schule kracht.

Peter heiß ich

Peter heiß ich,
die Hosen zerreiß ich,
die Nüsse zerbeiß ich,
und sonst nix weiß ich.

Bruder Jakob

Text und Melodie: volkstümlich

Lied

Wenn der Text pantomimisch erläutert wird, stellt ein Kind den Bruder Jakob dar. Er schläft. Ein anderes rüttelt ihn wach. Und eines stellt die Glocke dar, es wiegt sich hin und her.

Zum Nachahmen der Glockschläge ist ein Instrument eine gute Unterstützung.

Pfannen flicken, Pfannen flicken

Pfannen flicken, Pfannen flicken
ist die schönste Kunst.
Die rechte Hand, die linke Hand,
die geb ich dir als Unterpfand.
Da hast du sie, da nimmst du sie,
da hast sie allesamt.

Dieses Spiel wird zu zweit gespielt. Erst »schleift« jedes Kind seine Hände aneinander. Dann klatscht es abwechselnd, wie es der Text verlangt, in die Hände des anderen Kindes. Am Schluss treffen sich dann alle vier Hände mit einem lauten Klatschen.

Reim für Kinder, die manchmal keine Lust auf Schule haben

Die Abc-Schützen

Rate, was ich habe vernommen:
Es sind 18 Gesellen ins Land gekommen,
Zu malen schön und säuberlich,
Doch keiner einem andern glich.
All ohne Fehler und Gebrechen,
Nur konnte keiner ein Wort sprechen,
Und damit man sollte ihn verstehn,
Hatten sie fünf Dolmetscher mit sich gehn.
Da waren hochgelehrte Leut,
Der erste erstaunt reißt 's Maul auf weit,
Der zweite wie ein Kindlein schreit,
Der dritte wie ein Mäuslein pfiff,
Der vierte wie ein Fuhrmann rief,
Der fünfte gar wie ein Uhu tut,
Das waren ihre Künste gut,
Damit erhoben sie ein Geschrei,
Füllt noch die Welt, ist nicht vorbei.

(Des Knaben Wunderhorn)

Fingerspiel für Schulkinder in der Pause

Binki, Dalli

Binki,	Mit den Fingerspitzen stoßen,
Dalli,	mit den Handrücken schlagen,
Rafti,	mit den Nägeln kraulen,
Platti,	mit der flachen Hand schlagen,
Fausti.	mit der geballten Faust schlagen.

Fingerspiele für Schulkinder, die sich über ihren/ihre Lehrer/in ärgern

Sechs mal sechs

Sechs mal sechs ist sechsunddreißig,
und die Kinder sind so fleißig,
und der Lehrer ist so faul
wie ein alter Droschkengaul.

Wenn die Hausaufgaben keinen Spaß machen

Die Hausaufgaben nach der Schule sollten nicht als lästige Pflicht betrachtet werden, sondern als Übung, die das am Vormittag Gelernte vertiefen soll. Für ein Kind, das sich danach sehnt, draußen zu spielen, und genug vom Herumsitzen hat, ist das nicht immer einfach einzusehen. Ein Ritual ist hier sehr hilfreich. Nach dem Mittagessen sollte eine kleine Ruhepause zur Verdauung und zur Entspannung eingehalten werden. Beim Essen und danach kann man in aller Ruhe über den Schultag und darüber reden, was jeder in der Familie bis zum Mittag erlebt hat.

Nach der Pause sollte das Schulkind die Möglichkeit haben, seine Hausaufgaben konzentriert zu erledigen. So hat es nach getaner Arbeit das befriedigende Gefühl, eine Sache ganz erledigt zu haben, und kann sich unbelastet beim Spiel entspannen.

Nur entspanntes Lernen ist effektiv. Falls ein Kind sehr unruhig ist, helfen Entspannungstechniken. Es gibt dazu CDs oder Kassetten, außerdem bieten Volkshochschulen oder andere Veranstalter Kurse an. Diese Techniken können als Rituale sehr gut in den Alltag eingebaut werden.

Eine gute Planung hilft

★ Zu einer lernfreundlichen Umgebung gehört ein störungsfreier und übersichtlicher Arbeitsplatz, auf dem nur die Dinge liegen, die für die Hausaufgaben benötigt werden. Störungsfrei bedeutet für die Eltern auch, keine beliebigen Unterbrechungen durch Kurzaufträge für Besorgungen oder Handreichungen vorzunehmen.

★ Sinnvoll für das Kind ist es, seine Hausaufgaben in kleine Portionen aufzuteilen und vorher (großzügig) für sich einzuschätzen, wie viel Zeit es dazu braucht. Danach kommt die Spielzeit. Verabredungen mit anderen Kindern sollten dementsprechend so getroffen werden, dass auf gar keinen Fall Zeitdruck entsteht.

Ganz bei der Sache sein können

Vermitteln Sie Ihrem Kind, dass Sie seine Arbeit am Hausaufgabentisch ernst nehmen und daran glauben, dass es sie gut bewältigen kann.

In dieser Zeit sollte ein Kind, außer an seine Arbeit und an sich selbst, an nichts Wichtiges auf der Welt denken.
Es sollte nicht versuchen, mehrere Aufgaben parallel zu erledigen, nur weil es mit einer gerade nicht schnell genug vorankommt, und sich Zeit zum Nachdenken lassen.
Hilfreich zur Konzentration kann es sein, wenn es beim Schreiben oder Rechnen halblaut oder laut mitspricht.
Pausen sind wichtig! Wenn ein Kind nach einem langen Schulvormittag nach Hause kommt, sollte es erst einmal ausspannen und sich bewegen dürfen. Gibt es nämlich keine Verschnaufpause, kommt Unlust auf.

Reime

Abc

A, b, c, d, e, f, und g,
h, i, j, k, l, m, n, o, p,
q, r, s, t, u, v, w,
x, y, z und o weh,
jojo, jetzt kann ich's Abc.

Abc

A, b, c,
die Katz lief über den See,
die Katz lief über den Sack,
bringt dir ein Pfund Schnupftabak.

ABC-Verslein

A, B, C, Kopf in die Höh!
D, E, F, wart, ich treff!
G, H, I, das macht Müh!
I, K, L, nicht so schnell!
M, N, O, lauf nicht so!
P, Q, R, das ist schwer!
S, T, U, hör mir zu!
V, W, X, mach 'nen Knicks!
Y, Z, geh zu Bett!

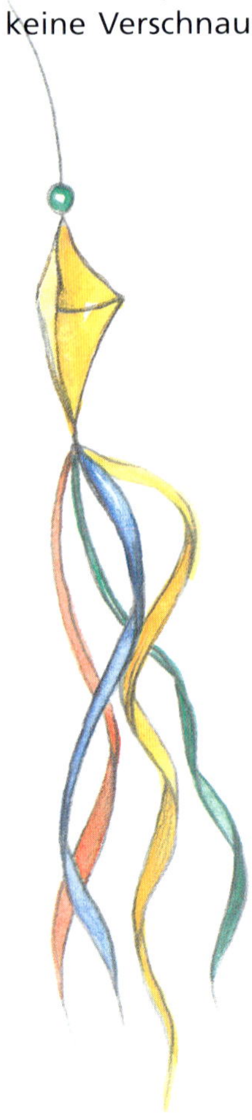

Französisch

Qu'est-ce que c'est, was ist denn das?
L'encrier, das Tintenfass,
le bœuf, der Ochs,
la vache, die Kuh,
fermez la porte,
mach 's Türchen zu.

Rechenübung

Eins, zwei, drei,
alt ist nicht neu,
sauer ist nicht süß,
Händ sind keine Füß,
Füß sind keine Händ,
das Lied hat ein End.

Eins, zwei, drei,
alt ist nicht neu,
neu ist nicht alt,
warm ist nicht kalt,
kalt ist nicht warm,
reich ist nicht arm.

Eins, zwei, drei,
alt ist nicht neu,
arm ist nicht reich,
hart ist nicht weich,
frisch ist nicht faul,
'n Ochs ist kein Gaul.

Damit das Lernen spielerisch ablaufen kann, muss sich ein Kind sicher sein, dass es geliebt wird, egal, welche Noten es nach Hause bringt. Nur dann kann man über Fehler auch einmal lachen.

10, 20, 30

10, 20, 30, Mädchen – du bist fleißig,
40, 50, 60, Mädchen – du bist prächtig,
70, 80, 90, Mädchen – du bist einzig,
100, 1000, Million – Mädchen,
du verdienst die Kron.

KINDHEIT – PRÄGEND FÜR DAS GANZE LEBEN

Kinder kommen als hilflose Geschöpfe zur Welt und sind »überlebensnotwendig« auf unsere Fürsorge angewiesen. Werden ihre Bedürfnisse mit den entsprechenden Ritualen, wie z. B. Füttern, Wickeln, Wiegen und Trösten, beantwortet, fühlen sie sich wahr- und ernst genommen. So entwickeln sich Kinder zu fröhlichen Menschen, die selbstständig denken sowie handeln und ihr Leben nach ihren Vorstellungen gestalten können.

Raum zur Entfaltung

Auch wenn sehr viele Prägungen in der Kindheit stattfinden, müssen Eltern nicht unter der Last der Verantwortung zusammenbrechen. Das Wichtigste ist, einem Kind zu vermitteln, dass es grundsätzlich liebenswert ist.

Das ganze Leben eines Menschen, seine Persönlichkeitsstruktur, sein Charakter, sein Selbstbewusstsein und seine geistig-seelische Gesundheit, wird durch die Erfahrungen während seiner ersten Lebensjahre geprägt. Die seelische Entwicklung kann in den wesentlichen Zügen nach dem ersten Lebensjahr als abgeschlossen angesehen werden.
Das mag mit einer biologischen Besonderheit des Menschen zusammenhängen. Im Vergleich zu unseren Verwandten aus dem Tierreich kommen wir nur mit wenig Überlebensfähigkeiten auf die Welt. Ein Menschenkind braucht deutlich länger, bis es sich selbstständig fortbewegen, sich ernähren und sich mitteilen kann, als beispielsweise ein kleines Vogelküken oder ein junger Fuchs. Und auch nach den allerersten Lebensjahren, in denen sich diese Grundfertigkeiten herausgebildet haben, ist es noch lange nicht so weit, um für sich selbst sorgen zu können. Es ist lange auf den Schutz und die Fürsorge seiner Eltern angewiesen. Seine Familie und auch der gesellschaftliche Rahmen, in dem es aufwächst, bieten ihm das Umfeld, in dem es wachsen kann.

Bedingungsloses Vertrauen

Eine Kindheit ist eng gekoppelt an die vertrauensvolle und als verlässlich erlebte Beziehung zu Mutter und Vater – und daran, wie sich dem Kind durch diese die Wirklichkeit darbietet. Das Kind verhält sich dabei wie ein unbeschriebenes Blatt Papier. Alle Spuren, die Zeit und Erfahrungen mit Eltern, Freunden und Umwelt darauf hinterlassen, sind unverwischbar. Von Dichtern, die häufig die Kinderzeit verklären, wird oft die kindliche Unschuld und Reinheit beschrieben. Denn ein Kind ist ein fühlendes Wesen, da sein Verstand sich erst im Laufe der Zeit ausprägt. Dieses Gefühl ist grenzenlos. In den ersten Jahren kann ein Kind zwischen sich selbst und seinem Umfeld noch nicht unterscheiden. Alles empfindet es als eins.

Die kindliche Gefühls- oder Instinkthaftigkeit hat jedoch durchaus ihren biologischen Sinn. Ein Kind erfährt und lernt nur unter Leitung seines Gefühls alle Fertigkeiten, die es zum Überleben benötigt. Man spricht dabei sogar von der kindlichen Absorption seiner Umwelt und der Lernreize, die sich ihm tagtäglich bieten. Eine intensivere Art zu lernen gibt es nicht, und sie verliert sich (leider) auch mit der Zeit. Betrachten wir doch nur, wie das Kind seine Muttersprache erlernt. Dazu muss es weder Vokabeln pauken noch Grammatikregeln begreifen. Es lernt durch Hören, Spüren und Ausprobieren.
In der Grenzenlosigkeit der kindlichen Gefühlswelt liegen jedoch auch Gefahren verborgen. Ein Kind kann sich aufgrund seiner ständigen Lern- und Erfahrungsbereitschaft nicht selbstständig von einem Zuviel an Wirklichkeit abgrenzen. Zu viel bedeutet in diesem Zusammenhang alles, was seine Aufnahmekapazität überfordert. Das Gleichgewicht zwischen dem Außen und einem gesunden Innenleben des Kindes zu halten, in dem sich das Erlernte verfestigen kann, ist die – nicht immer leichte – Aufgabe seines direkten Umfeldes, der Eltern.

Untersuchungen zeigen, dass Kinder, die Respekt, Wärme und Zuwendung erfahren haben, aktive, unabhängige, sozial aufgeschlossene und kreative Erwachsene werden. Sie fühlen sich in ihrer sozialen Rolle wohl und können Aggressionen erfolgreich bewältigen.

Schutz durch die Familie

Nur Mutter und Vater oder andere Bezugspersonen, mit denen das Kind aufwächst, können ihrem Kind Urvertrauen, Geborgenheit und Sicherheit vermitteln. Diese unsichtbaren Größen werden gebildet aus unserer Wärme, unserer Verlässlichkeit, unserem Vertrauen auf unser Gefühl als Mutter oder Vater und dem ordnenden Rahmen, den wir unserem familiären Miteinander verleihen. Hierher kann sich das Kind zurückziehen und in aller Ruhe das Erlernte verarbeiten.
Denn die Außenwelt fängt das Kind nicht auf. Sie war bedauerlicherweise noch zu keiner Zeit auf die besonderen Bedürfnisse von Kindern und Heranwachsenden ausgerichtet. Anders ausgedrückt: Je mehr die gesellschaftliche Wirklichkeit von den Bedürfnissen der Kinder abrückt, desto mehr sind wir Eltern als verlässliche Begleiter gefragt.

Die Familie als Filter

In welchem Maße und auf welche Weise sich die Umwelt letztlich dem Kind darstellt, können nur Eltern und Erzieher/innen steuern. Sie dienen besonders in den ersten Lebensjahren des Kindes als Filter oder sogar Schutzschirm vor einem Zuviel an Wirklichkeit. Gerade im letzten Jahrhundert hat sich die gesellschaftliche und familiäre Wirklichkeit stark und in rasendem Tempo verändert. Sie bietet deutlich mehr Erlebnisreize, während die Kinder in ihrem Entwicklungsweg und ihrer Aufnahmefähigkeit die gleichen geblieben sind.

Rituale fungieren als unsichtbare Haltgeber und Ruheinseln während der ständigen Wechsel und Neuerungen, denen ein Kind in seiner Entwicklung unterworfen ist.

Familiäre Rituale

Erfassbar und erlernbar wird die Welt für ein Kind jedoch nur, wenn sie es nicht erdrückt sowie überfordert und wenn es die innere Ruhe besitzt, sich ihr mit seinen wachsenden Fähigkeiten zu nähern und mit ihr umzugehen. Zu den verlässlichen Erfahrungen, die Eltern und Erzieher Kindern bieten können, gehören daher Erlebnisse der Ordnung, der Festigkeit, der Einbindung in die Familie und der Wärme. Die Einführung von Ritualen spielt bei der Strukturierung des kindlichen Alltags eine wichtige Rolle.

Familiäre Rituale stiften in hohem Maße Geborgenheit, helfen dem Kind, sich beim Lernen und Großwerden zu erholen, sich innerlich zu sammeln und altersgemäße körperlich-seelische sowie soziale Fähigkeiten entwickeln zu können. Je verlässlicher die Erfahrungen des Kindes innerhalb seiner Familie sind, desto leichter kommt es auch mit Frustrationen zurecht. Es erlebt letztlich auch ein Verbot oder eine Grenzsetzung als annehmbar. Und es kann darauf vertrauen, dass Mutter und Vater die familiäre Ordnung so flexibel gestalten, dass sie sich seinen wachsenden Fähigkeiten anpasst.

Vor einem solchen Hintergrund kann ein Kind seelisch gesund heranwachsen und dabei alle notwendigen Fertigkeiten erwerben, die ihm später ein selbst bestimmtes Leben ermöglichen und es gleichzeitig zu einem mitfühlenden sozialen Wesen machen.

Die Welt in Ruhe entdecken können

Je mehr Geborgenheit ein Kind in seiner Familie empfindet, je angemessener die verschiedenen Rituale auf seine Bedürfnisse abgestimmt sind und je wohltuender es diese empfindet, desto stabiler wird es. Aufgrund seiner inneren Festigkeit und Entspanntheit kann es seine Neugier, seine Phantasie und Kreativität entfalten. Es kann Erlerntes einüben und in aller Ruhe die Zusammenhänge zwischen sich selbst und seiner Welt erforschen. Im Schutz der Menschen, die es lieben, können sich sein Bewusstsein und sein Ich gesund entwickeln.

Ein gesundes Kind ist zufrieden, freut sich am Leben, ist neugierig auf seine Umwelt, kontaktfreudig, entwickelt eigene Ideen, hat einen eigenen Willen und fordert Anregungen in einem Maße, in dem es weder sich noch anderen wehtut. Im Laufe seines Reifungsprozesses wird es – vor allem durch die übergeordneten familiären Ordnungsstrukturen und Rituale – eigenständig Strategien zur Stressbewältigung entwickeln, wenn ihm das Außen, das ihm die Welt präsentiert, zu viel wird. Es lernt, besser mit Aggressionen umzugehen, Probleme zu lösen, sich seiner Fähigkeiten bewusst und imstande zu sein, diese selbst bestimmt und sensibel einzusetzen.

Sind Sie als Eltern in ein stabiles Netz sozialer Beziehungen einbezogen, dann tragen auch Freunde und Nachbarn dazu bei, dass Kinder sich gut aufgehoben und geborgen fühlen können. Dies erleichtert Eltern auch, sich bei diesen Personen Hilfe zu holen.

Was Eltern ihren Kindern geben können

- ★ Sie können ihnen das Urvertrauen bestätigen und Geborgenheit schenken
- ★ Gemeinsam mit ihnen Antworten finden
- ★ Die Vielzahl von Erfahrungen ordnen
- ★ Rituale stiften
- ★ Freiheit jenseits der elterlichen Kontrolle leben lassen
- ★ Sicherheit und ein Nest bieten, wohin sich die Kinder bei Bedarf zurückziehen können
- ★ Grenzen setzen
- ★ Vorurteilslos offen sein
- ★ Sich Konflikten stellen

Kinderalltag heute

Das Bewusstsein, ein unabhängiger Mensch zu sein, ist bei kleinen Kindern noch nicht ausgeprägt. Alles, was sie erleben, betrifft sie unmittelbar. Daher müssen sie vor Reizüberflutungen und Überforderungen geschützt werden.

Eltern sind die wichtigsten Menschen im Leben eines Kindes. Es vertraut ihnen vorbehaltlos und setzt sie als sein Vorbild ein. Doch bilden Mutter und Vater nur einen Teil seines Umfeldes. Mit zunehmendem Alter werden auch Gleichaltrige und Erzieher in das soziale Umfeld integriert. Darüber hinaus gibt es aber noch eine andere Größe, die auf das Leben und die Entwicklung unserer Kinder einen großen Einfluss hat: die gesellschaftliche und die natürliche Umwelt.

Gerade ein Kleinkind ist durch seinen gefühlsmäßigen Zugang zur Welt immer das genaue Abbild seines Umfeldes und ein Spiegel aller Geschehnisse, mit denen es konfrontiert wird. Ein Erwachsener ist aufgrund seines fertig ausgebildeten Verstandes in der Lage, sein Ich und die Außenwelt als zwei verschiedene Phänomene zu betrachten und zwischen Wichtigem und Unwichtigem zu unterscheiden. Dadurch kann er sich schützen. Ein Kind jedoch erlebt sein soziales Umfeld und jede Situation, die sich darin ergibt, völlig distanzlos.

Diese Erlebniswelt, mit der sich kleine Menschen heute auseinander setzen müssen, ist starken Veränderungen unterworfen. Kindern geht es heute materiell gesehen im Durchschnitt besser als denen vorangegangener Generationen. Sie werden ernst genommen, ihre Meinung ist gefragt, können mehr wissen, erleben und konsumieren. Verändert haben sich jedoch auch andere Parameter, die den Alltag des Kindes bestimmen:

- Zeit
- Raum
- Leistungsansprüche
- Familie
- Spiel
- Medien.

Keine Zeit, keine Zeit!

Das Tempo, in der Leben heute erfahren wird, hat sich vervielfacht. Im letzten Jahrhundert hat sich die Geschwindigkeit, die viele Vorgänge unseres Lebens steuert, rasant erhöht. Auch die Art und Weise, wie Zeit erlebt wird, hat sich stark verändert.

Besonders in der Stadt ermöglicht eine Vielzahl von Fortbewegungsmitteln schnelle Ortsveränderungen. Autos, Stadtbahnen und Schnellzüge ermöglichen ein rasches Fortkommen, um mehrere Termine an einem Tag wahrnehmen zu können. Erledigte man früher seine Wege zu Fuß, so dass man sich ein Gefühl für die zurückgelegte Entfernung bewahrte, so rast man heute in Minuten von einer Station zur nächsten, und sieht so binnen kürzester Zeit ständig neue Gesichter, ist neuen Gerüchen und Geräuschen ausgesetzt. Das Nervensystem arbeitet auf Hochtouren, um all diese Informationen angemessen zu verarbeiten.

Auch scheint die Zeit schneller zu verstreichen, weil sie mit Ereignissen vollgepackt wird. Schon Kleinkinder benötigen bisweilen einen genauen Terminplan, um die Zeiten des Kinderhorts, der Geburtstagspartys, der Kinderlesung in der Stadtbibliothek, des Musik- und Ballettunterrichts und nicht zuletzt die Termine ihrer Eltern nicht zu vergessen. Nur effektiv genutzte Zeit scheint gute Zeit zu sein, lernt das Kind, das auf diese Weise schon früh in eine Erwachsenenwelt hineinzuwachsen droht. Doch Zeitdruck lässt beim Kind ebenso wie beim Erwachsenen Überforderung entstehen, nur in wesentlich stärkerem Maße.

Sich einer Tätigkeit ohne Zeitdruck und Erfolgszwang hingeben zu können befriedigt Kinder – und auch Erwachsene – zutiefst. Sich spielerisch zu betätigen macht frei, und die Ergebnisse sind wahrhaft originell, ohne dies angestrebt zu haben.

Spielplätze unerwünscht

Auch die Räume, in denen ein Kind seine natürliche Lebendigkeit ausleben kann, sind klein geworden. Mit dem Wandel der Lebensbedingungen in den letzten Jahrzehnten entstanden veränderte Siedlungs- und Wohnstrukturen. Flächendeckende Wohnsiedlungen berauben die Kinder natürlicher Spielmöglichkeiten auf Wiesen, Feldern und in Wäldern, wo man früher noch von den Erwachsenen unkontrolliert stöbern und sich seine Welten erobern konnte. Naturerlebnisse wie der Wechsel der Jahreszeiten, der Bau eines Baumhauses, die Einrichtung einer Höhle oder eines anderen geheimen Platzes sowie der furchtlose Umgang mit Tieren sind Kindern heute oft nur noch in ländlichen Gebieten möglich.

In der Stadt verhindern schon allein Straßenzüge, die dem Auto gerecht werden, das selbst bestimmte Spielen. Wo Mütter und Väter das Spiel der Kinder noch nicht einmal mehr aus dem Fenster beobachten können, weil Hochhäuser ihnen den Blick verwehren, wird die Beschäftigung der Kinder mehr in die Wohnung verlegt. Spielerisches Erleben und Lernen findet nur noch in begrenzten Räumen statt.

Lernen bis zum Umfallen

Es wird immer schwieriger, einen Ausbildungs- oder Arbeitsplatz zu ergattern bzw. ihn zu behalten. Den wirtschaftlichen Anforderungen unserer Gesellschaft sind jedoch nicht nur viele Heranwachsende und Erwachsene ausgesetzt. Auch das Leben der Kinder wird dadurch geprägt.

Wir erleben heute einen gesellschaftlichen Umbruch, in dem das stabilisierende Gewicht eines zahlenmäßig starken und gesunden Mittelstandes zunehmend abbröckelt. Leistung ist in einer solchen Welt der Wert, der für viele Menschen maßgeblich bei der Lebensgestaltung wird. Diesen Leistungsanspruch übertragen viele bewusst oder unbewusst auf ihre Kinder. Aus ihnen soll etwas Besonderes werden, da sie sich sonst in einer Welt, in der Konkurrenzkämpfe immer härter werden, nicht durchzusetzen wissen.
Ein anstrengendes und zeitraubendes Ausbildungssystem bindet die Kinder ohnedies schon ein. Manche Kinder werden mit weiteren Fortbildungsmaßnahmen im musischen oder sportlichen Bereich zusätzlich gefordert. Dieses an sich positiv definierte Ziel schlägt jedoch nicht selten in sein Gegenteil um: Viele Kinder leiden darunter, dass sie ihre Bedürfnisse mit den Ansprüchen der Familie und/oder der Gesellschaft nicht mehr vereinbaren können, und reagieren mit Stresssymptomen.

Die Familie verändert sich

Ein anderer Aspekt der Erwachsenenwelt, der die Kinder stark betrifft, ist die Veränderung der Familien- und Beziehungsgefüge bei den Erziehungsberechtigten. Kleinfamilien, in denen beide Elternteile arbeiten und ein Elternteil allein erzieht, stellen das familiäre Umfeld für viele Kinder dar. Schon früh werden sie mit fremden Betreuern in Hort oder Kindergarten konfrontiert und müssen schnell lernen, sich in das Zeitmanagement ihrer Eltern einzufügen.

Zum einen konzentriert sich das Leben der Kinder dabei ganz auf die elterlichen Bezugspersonen, zum anderen ist weniger Zeit da für gemeinsame Unternehmungen und für den Austausch. Dabei kommen paradoxerweise sowohl das kindliche Bedürfnis nach einem Freiraum jenseits der elterlichen Kontrolle als auch das nach elterlicher Geborgenheit zu kurz.

Spiel – Vorbereitung aufs Leben

Ein Kind erlernt in den ersten Jahren viele seiner Grundfähigkeiten durch das Spielen. Im Spiel erlebt es sich und seine Grenzen. Hier kann es Aggressionen und Spannungen abbauen und lernt, selbstständig mit Problemstellungen umzugehen. Außerdem erfährt es sein Spielzeug als wichtigen Gefährten, wenn es sich alleine fühlt. Freies Spielen fördert neben der Entwicklung körperlicher Fertigkeiten auch Durchhaltevermögen und Selbstbewusstsein sowie soziale Fähigkeiten.

Beschäftigungen, die Phantasien freisetzen und fördern, wie Lesen, Malen, Basteln und Spielen in der Natur, werden durch übermäßigen Fernsehkonsum in den Hintergrund gedrängt.

Heute hat sich die Spielwelt dahin gehend verändert, dass den Kindern mehr und mehr vorgefertigtes Material zur Verfügung gestellt wird, das die Entwicklung der kindlichen Phantasie mehr hemmt als fördert. So genanntes kostenloses Spielzeug, das durch die Vorstellungskraft und die handwerklichen Fähigkeiten des Kindes »belebt« wird, ist dort selten geworden, wo das Spiel nicht mehr in der freien Natur und mit den sich hier darbietenden Materialien stattfinden kann. Auch fehlt der persönliche Bezug des Kindes zum Selbstgeschaffenen.

Die Gefahr moderner Medien

Die Spielwelt wird durch weitere Faktoren verändert, die sich hemmend auf die Lebendigkeit und auf die schöpferischen Kräfte des Kindes auswirken. Dazu gehören Fernseher und Computer, vor denen viele Kinder heute ihre Freizeit verbringen. Gerade kleinere Kinder, die länger vor dem Bildschirm sitzen, werden durch die Bilderflut überfordert und überanstrengt. Zudem verliert sich die Sensibilität, um mit den wechselnden Eindrücken im Alltag angemessen umzugehen.

WER BADEN WILL ...

Körperhygiene als Morgen- und Abendritual, verbunden mit Duschen, Baden, mit Zahn-, Haar- und Hautpflege, ist nicht nur eine Notwendigkeit, um Krankheiten vorzubeugen, sondern auch eine Möglichkeit, sich dem Körper liebevoll und aufmerksam zuzuwenden. Je spielerischer und phantasievoller die Abläufe beim Waschen ritualisiert werden, desto geringer ist der Widerstand des Kindes. Es freut sich schließlich sogar darauf, und am Ende sind sie zur lebenslangen Gewohnheit geworden.

Ein gesundes Körperbewusstsein entwickeln

Hygienebewusstsein – Erfindung der Neuzeit, eine Folge des gewachsenen Wohlstandes und nicht zuletzt der Einrichtung von fließendem Wasser in den einzelnen Haushalten. Letzteres gab es in den meisten Bürgerhäusern hierzulande erst nach der Jahrhundertwende.

Reim

Wer baden will

Wer baden will einen Raben weiß
und daran legt seinen ganzen Fleiß
und an der Sonne Schnee will dörren
und Wind will in eine Kiste sperren
und Unglück will tragen feil
und alle Wasser will binden an ein Seil
und einen Kahlen will scher'n,
der tut, was da unnütz ist, gern.

So ändern sich die Zeiten

Beim Baden wurde früher oft abgezählt, wer als Erster in die Wanne darf. Wer als Letzter an die Reihe kam, hatte Pech, denn das Wasser war dann meist schon recht kalt und auch nicht mehr ganz sauber.

In früheren Zeiten behalf man sich unter der Woche mit einer so genannten Katzenwäsche an der Waschschüssel oder am Wasserstein in der Küche. Einmal in der Woche, am Samstagabend, fand dann der Badetag statt. Dazu erhitzte die Mutter in der Waschküche Wasser, schüttete es in eine Zinkwanne um und wusch die Kinder nacheinander.

Am nächsten Tag wurden die Kinder dann in die frische Sonntagskleidung gesteckt, die sie möglichst schonend behandeln sollten. Schließlich war das Sonntagsgewand das einzige neben dem Kittelchen und Schürzchen oder dem Paar Hosen, das die Kinder unter der Woche trugen. Zu schonen war die Wäsche jedoch nicht nur, weil sie kostbar war, sondern auch, weil das Wäschewaschen eine mühsame Arbeit darstellte.

Kalter Schnee

Text und Melodie: volkstümlich

Lied

Auch wenn ein kleines Kind die Wörter noch gar nicht verstehen kann – die Melodie wirkt beruhigend, die Stimme ist vertraut, und es fühlt sich wohl.

Ab in die Wanne

Von Anfang an kann Körperpflege eine die Beziehung vertiefende Angelegenheit sein. Wenn Sie Ihr Baby wickeln und baden, fühlt es sich wahrgenommen und in seinem Bedürfnis nach Körperkontakt akzeptiert.

Ein Badetag an einem festen Tag in der Woche ist ein schönes Ritual und schon für die kleinen Kinder, die alle gerne plantschen, etwas ganz Besonderes und Genussreiches. Während es im Alltag meist reicht, das Kind nach dem Sandkasten oder schweißtreibenden Gruppenspielen abends kurz abzuduschen, um der Sauberkeit Genüge zu tun, ist der Badetag ein ausgefeiltes Körperpflegeritual, das viel mit Wärme und Zuneigung zu tun hat. Insgesamt sollte man bezüglich der Körperhygiene besonders bei Kleinkindern ein gesundes Maß einhalten. Übertriebene Hygiene oder eine zu früh angesetzte Sauberkeitserziehung kann sich sogar fatal auf das Seelenleben des Kindes auswirken.

Nichtsdestotrotz wird es in unserem kulturellen und gesellschaftlichen Umfeld als selbstverständlich angesehen, seinen Körper regelmäßig zu pflegen. Dazu gehört das Baden ebenso wie das morgendliche Waschen vor dem Frühstück und das abendliche nach dem Abendessen, das Zähneputzen, die Haar- und Nagelpflege. Je selbstverständlicher die Körperpflege in den Tagesrhythmus miteinbezogen wird, desto schneller wird sie für Kinder zum gewohnten Ritual.

Rätsel

Rätsel für Wasserscheue und Bademuffel

Ich kenne einen Hahn,
den fasst ein jeder täglich an,
doch hört ich nie,
dass er auch krähen kann.
(Der Wasserhahn)

Zwei sind's, die beieinander stehen
und alles gut und deutlich sehen.
Nur kennet eins das andere nicht.
Es sei, man hält den Spiegel vors Gesicht.
(Die Augen)

Alles hört es fort und fort
und sagt nicht ein einzig Wort.
Rate, wer ist so verschwiegen?
Schlafend wirst du auf ihm liegen.
(Das Ohr)

Du hast mich, doch du siehst mich nicht!
Ich geh dir stets voran!
Drum, bitte, gib stets auf mich Acht,
und stoße nirgends an!
Denn ginge ich einmal kaputt,
wär's schlimm um dich bestellt!
Denn mich gibt's nicht ein zweites Mal
für dich auf dieser Welt.
(Die Nase)

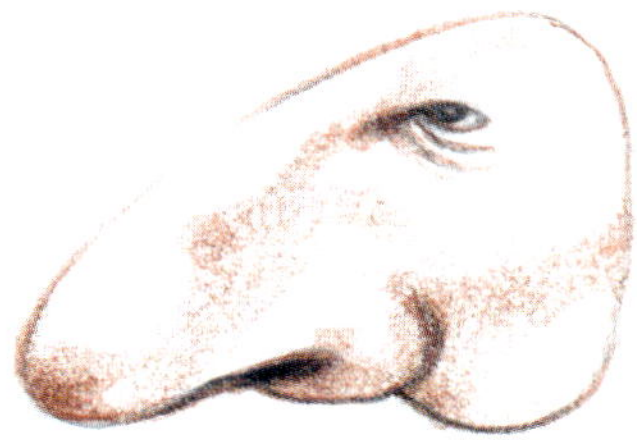

Zwei kleine Freunde
hat ein jedes Kind.
Sie helfen ihm den Löffel führen
und auch in der Tasse rühren,
auch das Näschen putzen
und die Haare schön stutzen,
feste in das Wasser patschen
und gar fröhlich dann zu klatschen.
(Die Hände)

Wir wandern mit dir, Schritt für Schritt,
wir laufen, springen, hüpfen mit.
Rechts und links und trapp, trapp, trapp,
geht's die Straße auf und ab.
Liegst im Bett du dann zu Haus,
ruhen wir uns gleichfalls aus.
(Die Beine)

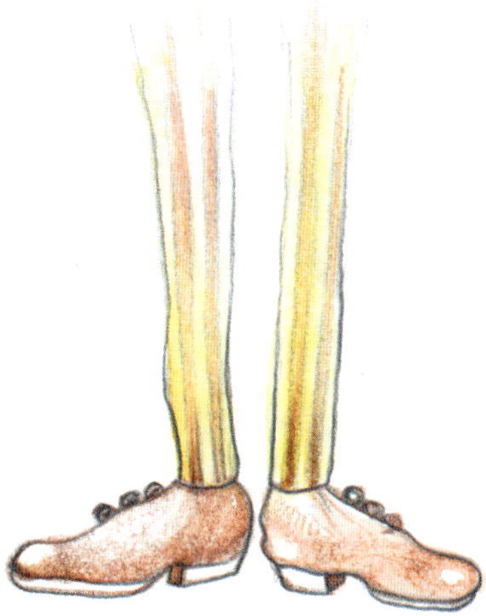

Hier ein Tupfer, dort ein Tupfer – so macht Baden Spaß

Das angenehm warme Bad, vielleicht mit einem Zusatz, der Schaumberge macht, mit Schwämmen, Gummitierchen und anderem Spielzeug, mit nachträglichem Eincremen oder einer Massage, zeigt dem Kind deutlich spürbar, dass Körperpflege ein entspannender Genuss sein kann, der sie vom Alltäglichen klar abgrenzt. Auch für die Stärkung seines Körpersinns und das Gefühl für den positiven Wert seines Körpers sorgt ein Baderitual.

Spiele

Kinne Kinne Wängchen

Während Sie den Text aufsagen, berühren Sie die einzelnen Teile im Gesicht Ihres Kindes.

Kinne Kinne Wängchen,
Mündchen Brut,
Bäckelchen rot,
Näschen sief,
Äugelchen pief,
Stirnchen platt,
Härchen zipp zipp zapp.

Ohrenwippchen

Ohrenwippchen,
Nasenstippchen,
Augenbrämichen,
zupp, zupp, zupp, Härichen.

Die Maus

Da kommt die Maus,
da kommt die Maus,
Klingelingeling!
Ist der Herr zu Haus?

Das Kind ist das »Haus«, an dem die Maus hochkrabbelt. Sein Ohrläppchen, an dem leicht gezupft wird, ist die Türklingel. Heißt es »ja«, so wird der Herr im Haus besucht und das Kind in die Nase gezwickt. Heißt es »nein«, so wird nach ihm gesucht und das Kind gekitzelt.

Spiele

Kommt eine Maus

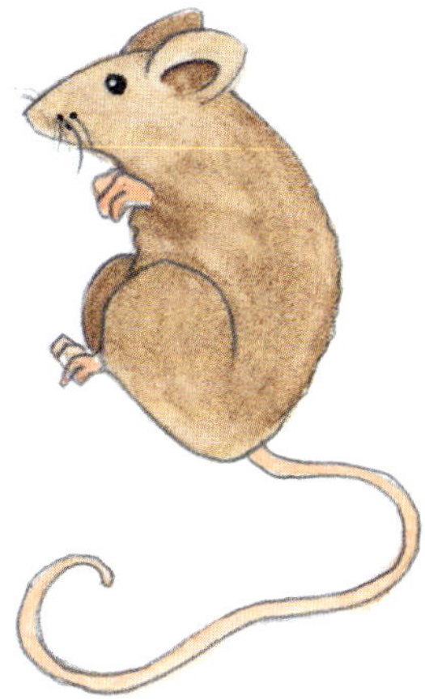

Kommt eine Maus,
die baut ein Haus,
kommt eine Mücke,
die baut eine Brücke,
kommt ein Floh,
der macht so!

Am Handgelenk krabbeln,
langsam den Arm raufkitzeln,
am Oberarm,
am Hals,
am Ohr, kitzeln,
auf die Nase hüpfen, kitzeln.

Ringele, Ringele

Ringele, Ringele
kreuzweis
Ellenbogen
Näslein zogen
großer Patsch
kleiner Patsch
kribbele, krabbele, krabbele.

Man zeichnet mit dem Zeigefinger erst zwei Ringlein, dann ein Kreuz in die offene Hand, legt den Ellenbogen hinein, zupft das Näschen, patscht ins Händchen und kribbelt dann darin.

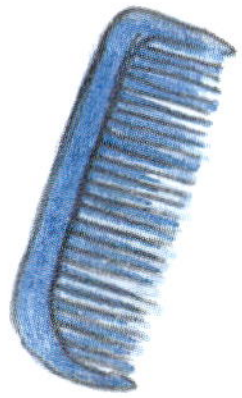

Rätsel

Rätsel für Kinder, die sich nicht gerne kämmen lassen

Er kratzt mich, er quält mich,
aber schön macht er mich.

Bekannt bin ich im ganzen Land,
ihr nehmt mich täglich in die Hand.
Viel' Zähne hab ich
und kann doch nicht beißen.
Nun rate, mein Kind! Wie mag ich wohl heißen?

(Der Kamm)

Für die Gesundheit der Zähne

Ihr Kind darf die Zahncreme auf die Bürste drücken und eine Minute lang die Zähne selbst putzen. Die zweite Hälfte übernehmen Sie, das Spülen wieder Ihr Kind.

Zahnhygiene spielt heute besonders bei Kindern zur Vorbeugung von Zahnbeschwerden eine sehr wichtige Rolle. Zähneputzen gehört daher auch zum Körperpflegeritual, wie es von Zahnmedizinern gefordert wird. Die folgenden Gedichte zeigen dem Kind, dass jeder seiner Zähne etwas ganz Besonderes ist und schon allein deshalb des besonderen Augenmerks bedarf. Eltern können beim Zähneputzen, wie bei den anderen alltäglichen Pflegeritualen auch, mit gutem Beispiel vorangehen. Schon die Kleinen üben schnell sehr eifrig das Zahnputzspiel, bis es zur ganz selbstverständlichen Morgen- und Abendwäsche gehört.

Reim

Viktoria

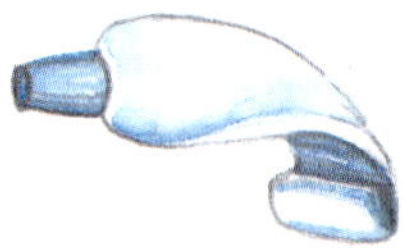

Viktoria! Viktoria!
Der kleine weiße Zahn ist da.
Du, Mutter, komm, und Groß und Klein
Im Hause kommt und guckt hinein
Und seht den hellen, weißen Schein.
Der Zahn soll Alexander heißen,
Du liebes Kind, Gott halt ihn dir gesund
Und geb dir Zähne mehr in deinem kleinen Mund
Und immer was dafür zu beißen.

(Matthias Claudius)

Rätsel

Es ist ein Ställchen
mit weißen Gesellchen;
es regnet nicht drein,
es schneit nicht hinein,
und ist doch alleweil nass.

(Der Mund)

Nur ich kann sagen,
was ich bin.

(Die Zunge)

Der erste Zahn

Reim

He, Groß und Klein,
herein, herein!
Es gibt was Neu's zu sehen !
Und alles lauft
Und rennt und schnauft.
Was Wunder ist geschehen?

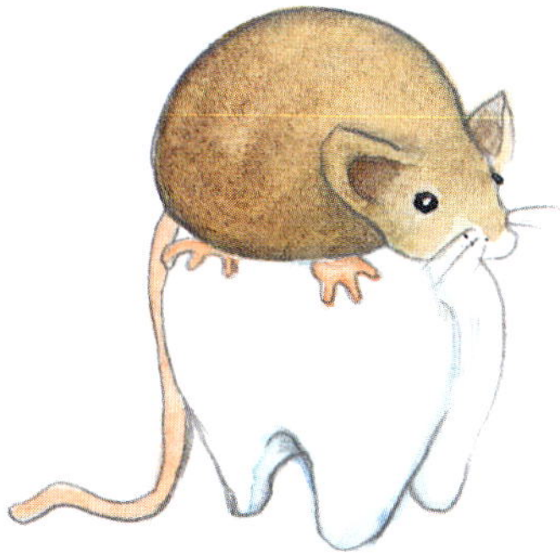

Da, schaut nur an,
den ersten Zahn
hat unser Schelm bekommen!
Und wie der beißt,
wenn er ihn weist;
nur ja in Acht genommen!

Jetzt sagt geschwind:
Wie soll das Kind,
der junge Zahn, denn heißen?
Hans Zwickundzwack
und Knickundknack,
soll hundert Jahre beißen.

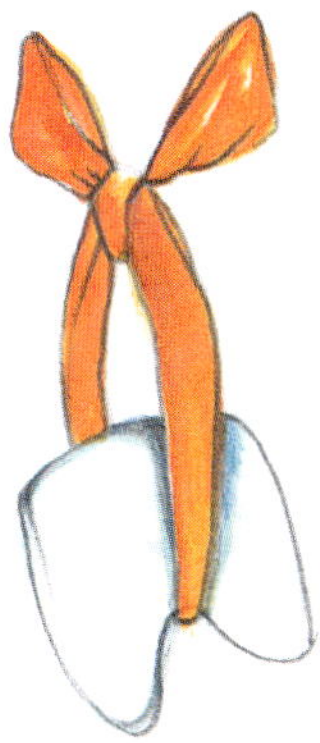

Nun sei kein Dalk
und sei kein Schalk
und beiße froh und munter
vom Fleisch und Brot
bis in den Tod
dir deinen Teil herunter!

(Friedrich Güll)

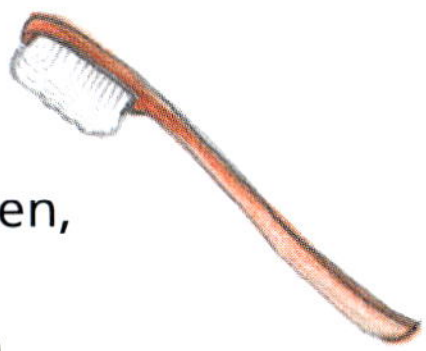

Was ist das?

Rätsel

Die Schimmelchen, die weißen,
können kauen und beißen.
Doch jedes Kind wird wissen,
dass wir sie putzen müssen.

(Die Zähne)

LIRUM, LARUM, LÖFFELSTIEL …

Selbstverständlich ist es wichtig, den Körper mit ausgewogenen, gesunden Nahrungsmitteln zu versorgen, am besten in Form von viel frischem Obst, Gemüse und Vollkornprodukten. Aber Essen ist mehr als das. Die Mahlzeiten gemeinsam zu planen, sie vorzubereiten und gemeinsam einzunehmen, das fördert die Kommunikation in der Familie, schafft Nähe und Vertrauen. Essrituale können die Mahlzeiten für alle zu einem entspannenden Beisammensein machen, wohltuend für Körper und Seele.

Essen: Geborgenheit und Genuss

Auch wenn Fastfood und Essen aus der Konservendose viel Zeit ersparen – der Zweck, sowohl körperlich als auch seelisch wieder aufzutanken, bleibt auf der Strecke.

In ländlichen Gegenden galten die Mahlzeiten als Vorbereitungs- oder Ruhepausen, die den Arbeitstag einleiteten, ihn unterbrachen bzw. ihn abschlossen. Dabei diente das Essen in erster Linie dazu, die durch die schwere körperliche Arbeit auf dem Feld verloren gegangenen Energien zu ersetzen, aber auch um sich zusammenzusetzen und ein wenig zu plauschen, bevor es weiterging. Dabei erholte man sich, schöpfte neue Kräfte, erfuhr die eine oder andere Anregung, tat sich etwas Gutes. Die Mahlzeiten setzten sich zusammen aus den Früchten von Feld und Garten, an besonderen Tagen gab es auch Fisch oder Fleisch, wurde Brot oder Kuchen gebacken. Aus dieser Zeit stammen auch die folgenden Spruchweisheiten:

Hunger ist der beste Koch.

Salz und Brot macht Wangen rot.

Trink und iss, Gott nie vergiss!

Wer nicht kommt zur rechten Zeit,
der muss nehmen was übrig bleibt.

Kindlein, willst du Suppe essen,
musst du 's Blasen nicht vergessen!

Gut gekaut ist halb verdaut.

Essen ist mehr als nur Nahrungsaufnahme

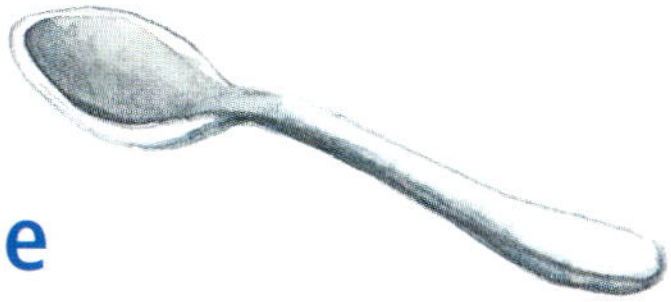

Ein gesundes Essen besteht jedoch von jeher aus mehr als der ausgewogenen Zusammensetzung von Nährstoffen oder raffiniert zubereiteten Rezepten. Gemeinsam mit der Familie oder Freunden können harmonisch verlaufende Mahlzeiten ein Höchstmaß an Geborgenheit vermitteln. Denn Essen nährt nicht nur unseren Körper. Es nährt auch den Geist und die Seele, schließlich befriedigt es durch das Zusammensitzen auch das Bedürfnis nach Austausch und Gesellschaft. Essen bedeutet für alle, die mit am Tisch sitzen, Fürsorge, vertrauensvolle Nähe und Befriedigung. Natürlich spielen dabei auch die liebevolle Zubereitung des Essens und eine abwechslungsreiche Küche eine wichtige Rolle.

Das Essen gehört neben dem Schlafen zu den wichtigsten Ritualen, die Eltern ihrem Kind schon früh anbieten können. Sie prägen sich so als feste Gewohnheiten aus, die meist bis ins Erwachsenenalter halten. Sobald ein Kind abgestillt ist, wird es mehrmals am Tag essen, später, ab etwa neun Monaten, auch in seinem Stuhl am Familientisch dabeisitzen. Schon die Kleinsten lieben es, im Familienkreis zu speisen. Sie empfinden das Gemeinschaftstiftende einer Mahlzeit besonders intensiv.

Wundern Sie sich nicht, wenn Ihr Kind den Spinat, den es ansonsten verabscheut, in geselliger Runde bei der Nachbarin isst. In entspannter, fröhlicher Stimmung entdeckt es häufig seine wahren Vorlieben und Abneigungen für bestimmte Nahrungsmittel.

Backe, backe, backe

Backe, backe, backe,
das Mehl hol aus dem Sacke,
die Eier aus dem Neste,
unserm Kindlein das Beste.

Hanne Popanne

Hanne Popanne,
steck Federn an Hut!
Frau Mutter, Herr Vater,
der Kuchen schmeckt gut.

Nicht nur gesund, sondern auch schmackhaft

Je ausgewogener der tägliche Speiseplan ist, desto leichter verträgt ein Kind auch einmal einen Hamburger oder eine Süßigkeit zwischendurch.

Auf dem Einkaufszettel, der am besten für den Bedarf der ganzen Woche ausgerichtet ist, sollten frisches Obst, Gemüse und Vollwertprodukte nie fehlen. So garantiert der Koch oder die Köchin in der Familie, dass alle mit den notwendigen Nährstoffen versorgt werden. Bei Kindern ist eine vollwertige Ernährung besonders wichtig, da sie sich noch im Wachstum befinden und ihr Immunsystem ebenso erst im Aufbau begriffen ist. Die Gesundheit und Abwehrkraft seines Kindes kann man durch entsprechende Nahrungsmittel sehr beeinflussen.
Selbstverständlich sollte man sich bei der Auswahl der Lebensmittel auch nach dem Geschmack der einzelnen Familienmitglieder richten. Kinder haben ein ganz gutes Gespür dafür, was ihnen gut tut und was nicht. Wenn Ihr Kind z.B. keinen Spinat mag, weil er ihm zu bitter ist, oder keine scharfen Paprika, dann verträgt es diese Kost wahrscheinlich nicht besonders gut. Glücklicherweise ist in den Obst- und Gemüseläden das Angebot an milden und verträglichen Sorten mit genauso vielen Vitaminen und anderen Nährstoffen so üppig, dass jeder in der Familie zufrieden gestellt werden dürfte.

Reime

Lirum, larum, Löffelstiel

Lirum, larum, Löffelstiel,
kleine Kinder essen viel,
Alte müssen fasten.
Das Brot, das liegt im Kasten,
der Wein, der ist im Keller,
lauter Muskateller,
das Messer liegt daneben.
Ei! Was ein lustig' Leben!

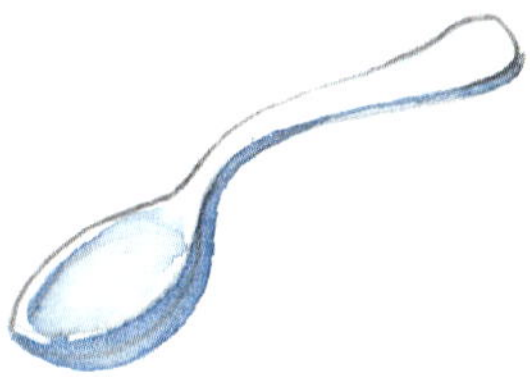

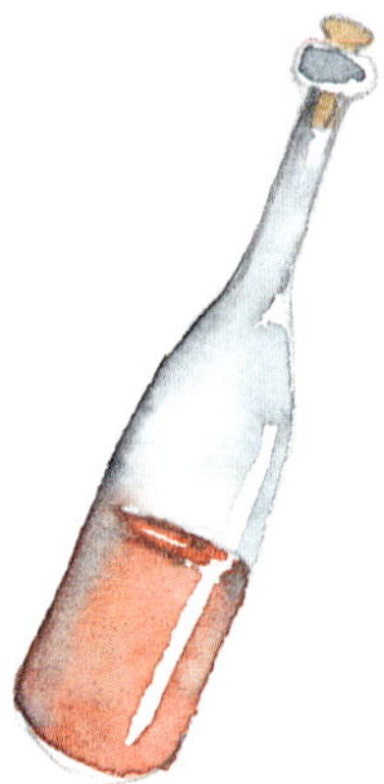

Lirum, larum, leier

Lirum, larum, leier,
die Butter, die ist teuer.
Lirum, larum, Löffelstiel,
für zwei Kreuzer gibt's nicht viel.

Sauerkraut und Rüben

Sauerkraut und Rüben,
die haben mich vertrieben,
hätt meine Mutter Fleisch gekocht,
wär ich bei ihr 'blieben.

Pauz, pauz, Pulderjahn

Pauz, pauz, Pulderjahn,
die Mutter schlacht' 'ne Ente,
tut auch ein Stück Butter dran,
dass sie nicht verbrenne.

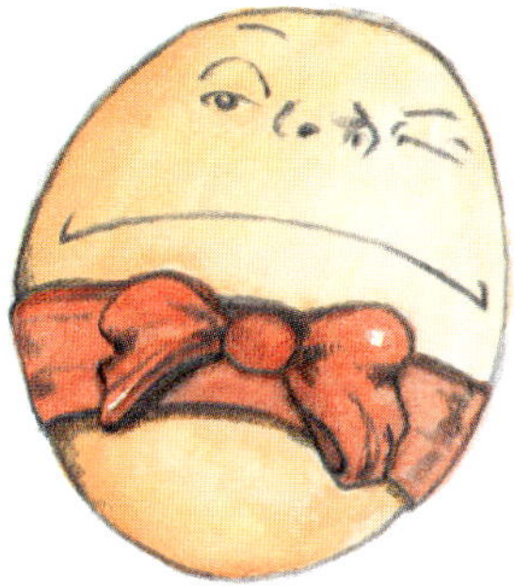

Bim, bam, beier

Bim, bam, beier
die Katz mag keine Eier.
Was mag sie dann?
Speck aus der Pfann!
Ei, wie lecker schmeckt's der Madam!

Trocken Brot

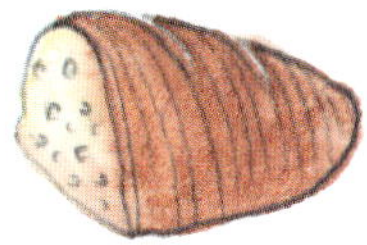

Trocken Brot
macht Wangen rot,
Brot und Wasser
macht sie blasser,
aber Butterbröter
machen sie noch röter.

Erbsen ess ich lieber

Erbsen ess ich lieber
wie der Herr von Biber.
Linsen ess ich grad so gern
wie der Herr von Liljenstern.

Bei der Zubereitung mithelfen

Wenn das Kind größer ist, kann man es auch beim Kochen und Backen einbeziehen. Sei es, dass es Kräuter aus dem Garten holt und klein schnipselt, Zucker in den Teig rieseln lässt oder beim Tischdecken hilft. All diese Tätigkeiten sensibilisieren es für die Sinnlichkeit des Essens und stimmen es so auf die kleinen Höhepunkte des Tages ein.

Lied

Backe, backe Kuchen

Text und Melodie: volkstümlich

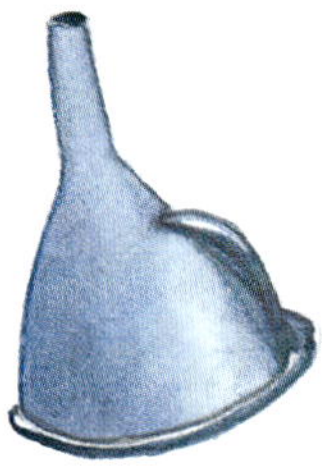

Kuchen backen macht allen Kindern Spaß, denn es ist richtig geheimnisvoll, wie aus all den Zutaten am Ende etwas derart Schmackhaftes entsteht.

2. Backe, backe Kuchen,
der Bäcker hat gerufen.
Hat gerufen die ganze Nacht,
Marie hat keinen Teig gebracht.
Kriegt auch keinen Kuchen.

Ein Mops kam in die Küche

Text und Melodie: volkstümlich

Lied

Verse und Lieder, die sich ohne Ende wiederholen, machen Lust auf Sprache und enden meistens in ausgelassenem Geschrei und Herumgehüpfe.

Ein Mops kam in die Küche
und stahl dem Koch ein Ei,
da nahm der Koch die Kelle
und schlug den Mops entzwei.
Da kamen viele Möpse
und gruben ihm ein Grab
und setzten drauf einen Denkstein,
darauf geschrieben stand:
Ein Mops kam in die Küche
und stahl dem Koch ein Ei …

Reime

Meine Mutter schickt mich her

Meine Mutter schickt mich her,
ob der Kaffee fertig wär.
Sag ein schönes Kompliment,
und der Kaffee ist verbrennt.

Die Milch ist aus dem Topf gelaufen,
was drin blieb, tut die Katze saufen.
Und wer nicht mit fortgeschwommen,
der soll schnell zum Kaffee kommen.

Meine Mutter schickt mich her,
ob der Kaffee fertig wär.
Wenn er noch nicht fertig wär,
sollt er bleiben, wo er wär.

Zu viel Kaffee ist sowieso ungesund! Gegen den Durst helfen am besten Kräuter-, Früchtetees und natürlich Mineralwasser.

Sagen Sie ein Kompliment,
und der Kaffee sei verbrennt
und die Milch ins Feuer gelaufen,
da könnt Madam keinen Kaffee saufen.

Gretel, mein Mädel

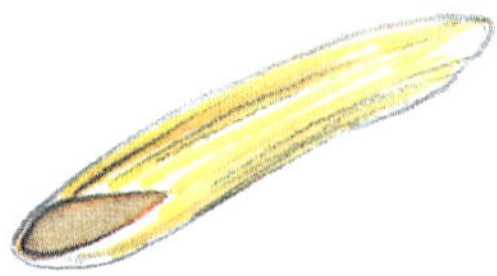

Gretel, mein Mädel, was tuste?
Sitze hinterm Ofen und huste.
Gretel, was gibt's zu der Nacht?
Feuer, das donnert und kracht.
Die Nudeln sind angebrennt,
hast sie nicht herumgewend't,
die Nudeln sind rundherum schwarz,
es frisst sie kein Hund und keine Katz.

Mein, dein, sein

Mein, dein, sein,
der Tisch, der ist noch rein,
der Magen ist noch leer
und brummt wie ein Bär.

Das Auge isst mit

Gerade Kinder im Schulalter werden anspruchsvoll, wenn es um die täglichen Mahlzeiten geht. Da kaum eine Mutter oder ein Vater die Zeit und Energie hat, täglich neue kulinarische Köstlichkeiten auf den Tisch zu zaubern, kann man sich schon mit dem liebevollen Anrichten der Speisen behelfen. Farbenfrohe Zutaten werden von Kindern ebenso sehr geschätzt.
Auch ein sorgfältig gedeckter Tisch mit Servietten oder (an Sonn- und Feiertagen) mit einer ansprechenden Tischdekoration zeigt dem Kind, dass die Mahlzeit, auch wenn es sie schon hundertmal gegessen hat, immer wieder etwas Besonderes und ein Vergnügen für alle Sinne darstellt.

Wie wäre es einmal mit grünen Spaghetti und Tomatensauce oder einem »Gesicht« aus verschiedenen Gemüsen auf dem Teller?

Reime

Da oben auf dem Berge

Da oben auf dem Berge,
da ist der Teufel los,
da zanken sich fünf Zwerge
um einen dicken Kloß.
Der erste will ihn haben,
der zweite lässt ihn los,
der dritte fällt in ’n Graben,
dem vierten platzt die Hos,
der fünfte schnappt den Kloß
und isst ihn auf mit Soß!

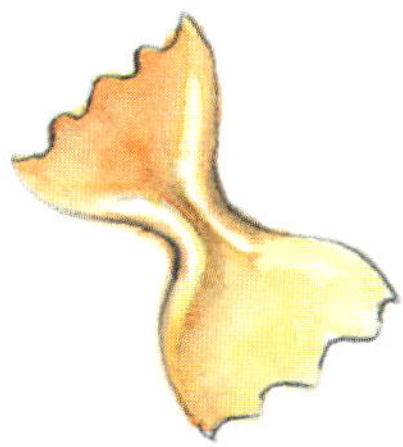

Heidelbeeren, Heidelbeeren

Heidelbeeren, Heidelbeeren
stehn in unserm Garten.
Mutter, gib mir auch ein paar,
kann nicht länger warten.

Rosmarin und Thymian

Rosmarin und Thymian
wächst in unserm Garten.
Mutter, gib mir ’n Butterbrot,
ich kann nicht länger warten.

Beim Essen bitte kein Streit

Falls Ihr Kind schlecht isst, machen Sie ihm keine Vorwürfe, und zwingen Sie es nicht zu essen.

Die Atmosphäre spielt beim Essen selbstverständlich auch eine große Rolle. Wenn alle bei Tisch sitzen, sollte Ruhe einkehren, Konflikte und Sorgen für kurze Zeit vergessen werden, so dass man sich entspannt dem Essen widmen kann. Denn Essen bedeutet Erholung für Körper und Seele. Ein Tischgebet mag einstimmen, ebenso wie ein der ganzen Familie freundlich ausgesprochenes »Guten Appetit« des Kochs oder der Köchin, bevor man sich ans Essen macht.

Reime und Gebete

Komm, Herr Jesus

Komm, Herr Jesus, sei unser Gast,
und segne, was du uns bescheret hast.

Vater unser

Vater unser, der du bist,
das Brot liegt auf der Kist,
das Messer liegt dabei,
schneid ab für alle drei.

Du gibst uns

Du gibst uns Kleid und Brot.
Du hilfst in aller Not,
gibst Sonnenschein und Regen,
hab Dank für deinen Segen.

Sälzchen, Schmälzchen

Sälzchen,
Schmälzchen,
Butterchen,
Brötchen,
Kribbelkrabbelkrötchen.

Bei diesem Vers streicht man kreuzweise über die innere Hand des Kindes und kribbelt sie dann.

Holla, holla!

Spiel

Holla, holla! — *Sanft anklopfen.*
Wer ist da?
Ein pol'scher Bettelmann.
Was will er?
Ein Stückchen Brot.
Ist nicht da!
Ein Stückchen Fleisch.
Ist nicht gar.
Lass mal kosten! — *Das Kind küssen.*

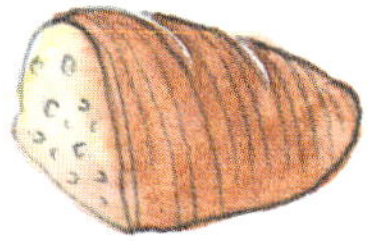

Ein paar Tischregeln

Langsames und genussvolles Essen sowie Benehmen bei Tisch wollen gelernt sein. Doch können Eltern hier mit gutem Vorbild vorangehen. Kinder nehmen dies sehr ernst. Ist das langsame Essen und Kauen wichtig für die gesunde Verdauung der Mahlzeit und den geschmacklichen Genuss, so dienen Tischmanieren nicht zuletzt der Wertschätzung des Dargebotenen bzw. der Leistung des Kochs oder der Köchin und dem Respekt vor den anderen bei Tisch.
Während des Essens sollte sich möglichst alles nur um das Essen drehen. Für Gespräche über wirklich ernsthafte Probleme ist danach noch Zeit.
Jedes Familienmitglied sollte seinen angestammten Platz am Tisch haben. Während des Essens sollte sich niemand vom Tisch entfernen, um keine unnötige Unruhe zu verursachen.
So ist gewährleistet, dass das Essen für alle zu einem zufrieden stellenden und entspannenden Erlebnis wird.

Auch wenn Ihnen am Essverhalten Ihres Kindes etwas nicht gefällt, geben Sie beim Essen möglichst keine Kommentare dazu ab. Das verdirbt mit Sicherheit den Appetit. Sprechen Sie später in Ruhe darüber.

Hau dich nicht

Reim

Hau dich nicht,
stich dich nicht,
brenn dich nicht.
Supp, die ist heiß!
Kindlein, willst du essen,
setz dich auf den Steiß.

Reime

Fünf Englein

Fünf Englein haben gesungen,
fünf Englein kommen gesprungen:
Das erste bläst das Feuer an,
das andre stellt das Pfännchen dran,
das dritte schütt' das Süppchen rein,
das vierte tut brav Zucker drein;
das fünfte sagt: »'s ist angericht',
iss, mein Kind, und brenn dich nicht!«

Sieh zu! Sieh zu!

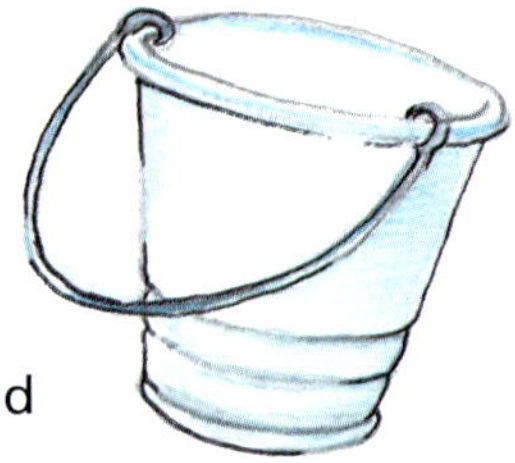

Von den Tieren können wir eine Menge lernen.

Sieh zu! Sieh zu!
Wie trinkt das Pferd?
Wie trinkt die Kuh?
Sie gießen das Wasser nicht in den Schlund
wie du.
Sie nehmen es erst ganz sachte, ganz sachte,
sie nehmen es erst ganz sachte
ganz vorn, ganz vorn in den Mund.
Da wird das kalte Wasser warm
und schadet nicht dem Kragen
und schadet nicht dem Magen
und schadet nicht dem Darm.
Siehst du?

Pitsche, patsche, Peter

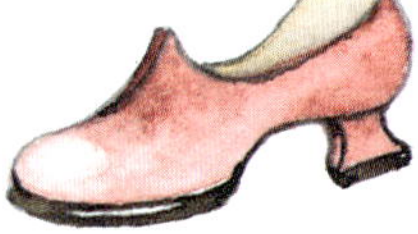

Pitsche, patsche, Peter,
hinterm Ofen steht er,
flickt die Strümpf und schmiert die Schuh,
kommt die alte Katz dazu,
frisst die Schmeer und die Schuh,
frisst den Peter noch dazu.
Frisst die Schuh und frisst die Schmeer,
frisst mir alle Teller leer.

Wenn mein Kind nicht essen will

Mit der guten Laune kommt auch der Hunger.

Wenn mein Kind nicht essen will,
ruf ich her die Spatzen,
fliegen sie aufs Fensterbrett,
ei, und werden schmatzen!

Wenn mein Kind nicht essen will,
ruf ich in den Keller,
unsre Katze leckt geschwind
leer den ganzen Teller.

Ich will dir etwas sagen.
Ich will dir etwas sagen
von den kurzen Tagen,
von den langen Wochen,
da haben wir nichts zu kochen
als ein bisschen Sauerkraut
und darinnen Knochen.

Storch, Storch, Steiner

Storch, Storch, Steiner,
mit die langen Beiner,
flieg mir in das Bäckerhaus,
hol einen warmen Weck' heraus.

Patsche, patsche, Krügelchen

Patsche, patsche, Krügelchen,
mir und dir ein Krügelchen,
mir und dir ein Tellerchen,
sind wir zwei Gesellerchen.

Den kleinen Kindern dabei in die Hand patschen!

Fingerspiele

Pflaumenschütteln

Das ist der Daumen,
der schüttelt die Pflaumen,
der liest sie auf,
der trägt sie nach Haus,
und der kleine Schelm,
isst sie alle auf!

Nacheinander alle Finger umlegen, nur den kleinen nicht.

Kinder lieben den direkten und unverkrampften Körperkontakt, der bei diesen Spielen entsteht.

Da läuft ein Weglein

Da läuft ein Weglein,
da springt ein Häslein.
Der hat's geschossen,
der hat's gewaschen,
der hat's gebraten,
der da hat den Tisch gedeckt,
und der kleine Biribinker
hat den Teller ausgeschleckt.

Auf die Handlinien zeigen; nacheinander auf die Finger zeigen.

Reime

Abzählreime rund ums Essen

Eine, beine, Rätsel,
wer backt Brezel?
Wer backt Kuchen?
Der muss suchen.

Ene, mene, subtrahene,
divi, davi, domino,
ebbe, bebbe, bembio,
bio, bio, buff.
Eck, Speck, Dreck,
und du musst weg.

Eins, zwei, drei, vier, fünf, sechs, sieben,
eine alte Frau kocht Rüben,
eine alte Frau kocht Speck,
und du bist weg.

Die wandernde Kartoffel

Spiele

Wie schön sich das anfühlt, wenn eine warme Kartoffel von Hand zu Hand wandert. Ist sie heiß, wird es allerdings eine schnelle Reise. Dazu wird der folgende Vers gesprochen:

Ich heiße Christoffel,
und meine Kartoffel
muss wandern,
muss wandern
von einem zum andern.

Ich heiße Christoffel,
und meine Kartoffel
muss reisen,
muss reisen,
wer wird sie verspeisen?

Wer am Ende des Verses die Kartoffel in der Hand hat, darf sie mit Butter und Salz verspeisen. Währenddessen wird weitergespielt, bis der Topf leer ist.

Zungenbrecher

Eine Ziege frisst Blaukraut und fischt Fische?
Zehn Ziegen zogen zehn Zentner Zucker zum Zoo!

Blaukraut bleibt Blaukraut,
und Brautkleid bleibt Brautkleid.

Fischers Fritz fischt frische Fische.
Frische Fische fischt Fischers Fritz.

HEILE, HEILE, GÄNSCHEN …

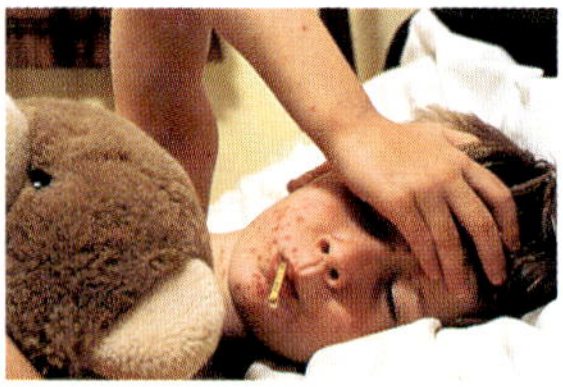

Häufig sind Krankheiten Krisen im Entwicklungsverlauf eines Kindes: Etwas Neues kündigt sich an, und der Abschied von alten Verhaltensmustern fällt schwer. Meist sind sie schnell überwunden, und das Kind verfügt danach über ein verbessertes Immunsystem. Oft verändert es sich in dieser Zeit auch geistig-seelisch und wird reifer. Rituale, wie beispielsweise besonderes Essen, machen dem Kind auf symbolische Weise Mut, gesund zu werden oder den Schmerz zumindest eine Zeit lang zu vergessen.

Mit Krankheiten richtig umgehen

Die meisten Krankheiten helfen dem Kind letztlich, gesund zu bleiben. Denn das Immunsystem bildet eine Art Polizei aus, die dann bestimmte Krankheitserreger auch später unschädlich macht.

Krankheiten bedeuten gleichermaßen Leidenszeiten für die kleinen Patienten und für die Eltern. Der familiäre Tagesrhythmus gerät aus den Fugen, das Kind mag nicht essen, kann vielleicht nicht schlafen, leidet an Schmerzen, die Eltern sind verunsichert und ängstlich. Besonders bei Kleinkindern, denen man noch nicht erklären kann, dass jede Krankheit ein zeitlich begrenztes Leid darstellt, und bei denen manche Infekte dramatische Ausmaße annehmen, können diese Zeiten durchaus sehr kräftezehrend sein.
Aber eine alte Volksweisheit sagt: Leiden währt nicht immer, Ungeduld macht's schlimmer.

Die ganze Familie ist betroffen

Die Zeit der klassischen Kinderkrankheiten bricht in der Regel mit dem Kindergartenalter an. In diesem Alter ist das Immunsystem des Kindes bereits in Ansätzen entwickelt, doch kommt es ganz auf seine persönliche Konstitution an, wie intensiv und wie lange es die Krankheit erlebt. In Familien mit mehreren Kindern kann sich allerdings eine Krankheit über mehrere Wochen und Monate hinziehen. Das ist dann der Fall, wenn das erkrankte Kind nach und nach die anderen Geschwister ansteckt. In diesen Fällen isolieren kinderkrankheitserprobte Eltern das kranke Kind erst gar nicht von den anderen, sondern lassen alle gemeinsam die Krankheit durchleben. So hält sich die Dauer in überschaubaren Grenzen.

Reim

Bim bam! Die Katz ist krank!

Bim bam! Die Katz ist krank,
liegt im Bett, hat Handschuh an.

Häschen in der Grube

Text und Melodie: volkstümlich

Lied

Müde bin ich, geh' zur Ruh'

Text und Melodie: volkstümlich

Lied

Eine wichtige Voraussetzung für die Gesundung ist eine beruhigende Atmosphäre. Hat der kleine Patient das Gefühl, geborgen zu sein, kann er auch besser schlafen.

Die eigenen Abwehrkräfte unterstützen

Zeigen Sie dem Kind Ihren Glauben daran, dass es bald wieder gesund wird. Kleine Rituale, wie z.B. auf eine Wunde blasen oder das Essen ans Bett bringen, sind dabei besonders hilfreich.

Bei der Wahl der Behandlungsmethode bietet sich besonders bei Kindern die Naturheilkunde oder die Homöopathie an. Beide sehen das Durchleben von mehreren Kinderkrankheiten als einen wichtigen Entwicklungsprozess für das Kind an. Selbst wenn sich eine Krankheit aufgrund der naturheilkundlichen Behandlungsweise länger hinziehen sollte, so greift diese den Körper des Kindes weniger stark an als eine schulmedizinische Medikation (die manchmal jedoch unumgänglich ist) und unterdrückt die Krankheit vor allem nicht. Naturheilkundliche Therapiemethoden begleiten vielmehr den Krankheitsverlauf und lindern die Symptome. Der Körper überwindet die Krankheit dabei durch eigene Kraft und gewinnt auf lange Sicht an Abwehrstärke dazu.

Eltern können alltägliche Unpässlichkeiten wie Übelkeit, Durchfall, Erkältung oder kleinere Verletzungen durchaus selbst behandeln. Allgemein sollte jedoch gelten: Wenn die Eltern bei der Diagnose unsicher sind, sich ein Krankheitsbild binnen drei Tagen nicht bessert oder sogar verschlechtert, sollte unbedingt ein Arzt zur Behandlung hinzugezogen werden.

Reime

Liebe Sonne

Liebe Sonne, komm gekrochen,
denn mich friert's an allen Knochen.
Liebe Sonne, komm gerennt,
denn mich friert's an meine Händ.

Der Frosch ist krank

Denkt euch nur, der Frosch ist krank!
Liegt nur auf der Gartenbank,
quakt nicht mehr, wer weiß, wie lang,
ach, wie fehlt mir sein Gesang!
Denkt euch nur, der Frosch ist krank.

Wo tut's weh?

Lied

Ein bisschen streicheln und den Reim mit den anschaulichen Bildern aufsagen, dann ist alles nicht mehr so schlimm.

2. Wo tut's weh?
Trink ein Schlückchen Tee,
iss einen Löffel Haferbrei,
morgen ist es längst vorbei!

Das Lämmchen

Reim

Mäh, Lämmchen, mäh.
Das Lämmchen lief im Klee.
Da stieß es an ein Steinchen,
da tat ihm weh sein Beinchen.
Da schrie das Lämmchen: »Mäh!«

Mäh, Lämmchen, mäh.
Das Lämmchen lief im Klee.
Da stieß es an ein Sträuchelein,
da tat ihm weh sein Bäuchelein.
Da schrie das Lämmchen: »Mäh!«

Mäh, Lämmchen, mäh.
Das Lämmchen lief im Klee.
Da stieß es an ein Stöckchen,
da tat ihm weh sein Köpfchen.
Da schrie das Lämmchen: »Mäh!«

Reime

Deine, meine Entchen

Deine, meine Entchen
laufen jetzt zum See.
Gibst du mir das Händchen?
Tut dir auch nichts weh?

Heile, Fingerchen, heile

Heile, Fingerchen, heile,
es dauert noch eine Weile,
es dauert noch bis Rosmarein,
dann ist wieder Sonnenschein.

Ruhe bewahren bei aller Sorge

Rituale helfen auf psychologische Art und Weise, indem sie den Kindern Mut machen und sie den Schmerz vergessen lassen.

Auch wenn es noch so schwer fällt – für Eltern gilt, sich während der Krankheit ihres Kindes nicht aufzuregen. Dabei hilft ein vertrauensvoller und guter Kontakt zum Kinderarzt oder Homöopathen, der den Eltern die Behandlungsweise und ihre Wirkung genau erklären sollte. Schon bei der Auswahl des Kinderarztes können sich die Eltern beispielsweise erkundigen, ob dieser auch Hausbesuche macht, was bei akuten Krankheitsanfällen wichtig ist. Die Vorteile beim Homöopathen liegen vor allem in dem ganzheitlichen Behandlungskonzept und darin, dass nach einer ausführlichen Erstanamnese die Beratung auch telefonisch erfolgen kann.

Ganz wesentlich ist: Je besser sich die Eltern bei einem Arzt aufgehoben fühlen, desto weniger wird das Kind dazu neigen, Angst vor dem Arzt zu entwickeln.

Je sicherer sich die Eltern bei der Pflege sind, desto mehr strahlt dies auf ihr krankes Kind ab. Geborgenheit, viel Zeit und eine verstärkte Zuwendung von Mutter und Vater helfen mit am besten, Krankheiten zu überstehen. Die Grundstimmung sollte möglichst zuversichtlich sein, auch wenn die Eltern sehr mitleiden sollten. Schließlich soll das Kind das Gefühl haben, dass seine Krankheit nicht von langer Dauer ist.

Reime

Eltern können durch geduldiges Erklären viel dazu beitragen, dass das kranke Kind sich nicht vor dem Arzt fürchtet.

Ach, lieber Doktor Pillermann

Ach, lieber Doktor Pillermann,
sieh dir mal bloß mein Püppchen an,
drei Tage hat es nichts gegessen,
hat immer so stumm dagesessen,
die Arme hängen ihm wie tot,
es will nicht einmal Zuckerbrot!
Ach, lieber Doktor, sag mir ehrlich,
ist diese Krankheit sehr gefährlich?

Madam, Sie ängst'gen sich noch krank!
Der Puls geht ruhig, ja Gott sei Dank.
Doch darf sie nicht im Zimmer sitzen,
Sie muss zu Bett, muss tüchtig schwitzen,
drei Kibitzeier gebt ihr ein,
dann wird es morgen besser sein.
Empfehl mich!

Strubelimutz, mein Kind ist krank

Strubelimutz, mein Kind ist krank.
Strubelimutz, was fehlt ihm denn?
Strubelimutz, ein Schöpplein Wein.
Strubelimutz, das kann nicht sein.
Strubelimutz, zum Doktor lauf!
Strubelimutz, jetzt steh auf!

Auf dem Berge Sinai

Auf dem Berge Sinai
wohnt der Schneider Kikriki.
Seine Frau, die alte Grete,
saß auf dem Balkon und nähte,
fiel herab, fiel herab,
und das linke Bein brach ab.
Kam der Doktor Hampelmann,
klebt' das Bein mit Spucke an.

Reim

A, b, c, d, e

A, b, c, d, e,
der Kopf tut mir weh,
f, g, h, i, k,
der Doktor ist da,
l, m, n, o,
jetzt bin ich froh,
p, q, r, s, t,
es ist wieder gut, juchhe!
U, v, w, x,
jetzt fehlt mir nix,
y, z,
jetzt geh ich ins Bett.

Die Verantwortung aufteilen

Großeltern freuen sich in der Regel, Pflichten in der Kinderbetreuung übernehmen zu dürfen, und springen auch im Haushalt mit ein.

Um Kräfte zu sparen, ist es hilfreich, wenn sich die Eltern während der ersten von Schlaflosigkeit unterbrochenen Nächte der Krankheit abwechseln. Meistens ist jedoch die Mutter bei der Krankenpflege, beim Vorlesen und Schmusen gefragt. Sie sollte dann für den Rest des Tages in ihren Haushaltsaufgaben möglichst entlastet werden. Alleinerziehende sollten sehen, ob sie während des Krankseins ihres Kindes Unterstützung von Freunden oder Eltern bekommen können, um mit ihren Kräften sparsam umzugehen.

Reim

Meine Mutter

Kein Vogel sitzt in Flaum und Moos
in seinem Nest so warm
als ich auf meiner Mutter Schoß,
auf meiner Mutter Arm.
Und tut mir weh mein Kopf und Fuß,
vergeht mir aller Schmerz,
gibt mir die Mutter einen Kuss
und drückt mich an ihr Herz.

(Friedrich Güll)

Durch Krisen wachsen

Jedes Kind wächst durch eine Krankheit. Dies zeigt sich in seelischer Hinsicht, dadurch dass es leidensfähiger wird oder auch lernt, was Schmerz bedeutet und wie es mit ihm umgehen kann, oft aber auch in körperlicher Hinsicht. Nicht selten verändert sich der Ausdruck oder das Gesicht eines Kindes durch eine überstandene Krankheit. Seine Persönlichkeit wird durch das Leiden und den überstandenen Kampf mit der Krankheit um wertvolle Facetten bereichert. Das Kind hat gelernt, dass es von einer Krankheit mit all ihren üblen Folgen heimgesucht werden kann, aber auch, dass es stark ist und dass es die Krankheit am Ende besiegt hat.

Wenn Ihr Kind eine längere Krankheit überstanden hat, brauchen wahrscheinlich Sie dringend eine Ruhepause. Nehmen Sie sich ein Wochenende oder zumindest einen Abend frei, und geben Sie der Partnerschaft Raum.

Wer krank ist, braucht Ruhe

Ist der Höhepunkt der Krankheit überwunden, das Kind aber während der Rekonvaleszenz immer noch bettlägerig, so sollten die Eltern nach wie vor in Rufweite bleiben. Die Langeweile, die sich jetzt nicht selten beim Kind einstellt, kann man durch Erzählen, Vorlesen, Singen und später auch durch Basteleien vertreiben. Dem Kind darf jedoch nicht zu schnell wieder zu viel zugemutet werden. Sorgen Sie dafür, dass es Ruhe hat, genügend trinkt und eine leichte und gesunde Aufbaukost erhält, wenn es Appetit hat. Wenn Ihr Kind wieder im Lot ist, im familiären Tagesrhythmus leben kann, normal isst und schläft, kann es auch wieder seine Spiele mit anderen Kindern aufnehmen.

Heile, heile, Gänschen

Reim

Heile, heile, Gänschen,
es wird bald wieder gut,
's Kätzchen hat ein Schwänzchen,
es wird bald wieder gut,
heile, heile, Mäusespeck,
in hundert Jahr'n ist alles weg!

Reime

Heile, heile, Kätzchen

Heile, heile, Kätzchen,
's Kätzchen hat vier Tätzchen,
's Kätzchen hat 'nen langen Schwanz,
bald ist alles wieder ganz.

Die passenden Lieder und Reime helfen dabei, auf das Gesundsein zu warten.

Heile, heile, Segen

Heile, heile, Segen,
sieben Tage Regen,
sieben Tage Schnee,
tut dem Kind schon nichts mehr weh.

Heile, heile, Segen,
sieben Tage Regen,
sieben Tage Sonnenschein,
wird alles wieder heile sein.

Drei Tage

Drei Tage war der Frosch so krank –
jetzt quakt er wieder, Gott sei Dank!

Drei Tage ging's dem Frosch nicht gut –
jetzt hüpft er wieder voller Mut.

Drei Tage war's dem Frosch recht schlecht –
das sah'n auch Igel, Fuchs und Hecht!

Jetzt geht's dem Frosch so richtig gut –
ob er sich nun auch schonen tut?

Heile, heile, Segen

Text und Melodie: volkstümlich

Lied

Das kranke Kind dabei zu unterstützen, die nötige Geduld für den Genesungsprozess zu entwickeln, ist eine der wichtigsten, aber auch schwierigsten Aufgaben der Eltern.

BIST DU NICHT MEIN LIEBCHEN ...

Wenn Kinder spüren, dass sie geliebt werden, unabhängig von dem, was sie tun, dann erleben sie Grenzsetzungen nicht als Verbote, Zurückweisungen oder Liebesentzug, sondern als ritualisierte Hilfestellungen, damit sie wissen, woran sie sind. So lernen sie Regeln als eine Art der Zuwendung kennen, sie spüren, dass sie gehalten werden, dass sich jemand um sie kümmert und jemand an ihnen interessiert ist.

Lieb haben und Grenzen setzen

Ein paar tröstende Worte und das Lieblingsessen, dann verschwinden viele Kümmernisse so schnell, wie sie gekommen sind.

Trost und besondere Zuwendung sind nicht nur vonnöten, wenn ein Kind erkrankt ist. Es gibt so viele Situationen im Kinderleben, in denen auch einmal Tränen fließen – sei es aus Wut oder aus Kummer. Das menschliche Zusammenleben ist nicht immer harmonisch. Es gibt Konflikte, Probleme, Streitereien – zwischen Erwachsenen ebenso wie zwischen Kindern, die sich beispielsweise im Sandkasten um ein Spielzeug streiten. Doch nicht nur Streit mit Gleichaltrigen oder Geschwistern, auch Grenzen, die Eltern den Kindern setzen, können Anlass für Wutausbrüche sein.

Kleine Kinder sind gefühlsbeladen. Ihnen fehlt die Fähigkeit zur rationalen Auseinandersetzung. Grenzen können sie jedoch umso leichter akzeptieren, je mehr sie ihre Eltern als verlässlich erleben. Dazu gehören zum einen die elterliche Sicherheit und Konsequenz bei der Grenzsetzung, aber auch zum gleichen Teil die Zuwendung und Zärtlichkeit für das Kind. So erlebt das Kind zwar eine Grenze oder ein Verbot als Eindämmung seines Willens und die Eltern als Autorität in dieser Frage, doch es ist sich auch immer sicher, dass es trotzdem geliebt wird. Elterliche Zuwendung darf nie an die Bedingungen von Vater bzw. Mutter oder die Leistungen des Kindes geknüpft sein. Elternliebe muss eine feste Größe im Leben des Kindes sein. Und: Ein liebes Kind ist nicht immer ein braves Kind, das sich an alles hält, was ihm gesagt wird.

Reime für liebe Kinder

Rosen blühn

Rosen blühn, Rosen blühn,
drei an einem Stängel.
Liebe Gretel, bist so schön,
schöner als ein Engel.

Ich lieb dich so fest

Ich lieb dich so fest
wie der Baum seine Äst,
wie der Himmel seine Stern,
grad so hab ich dich gern.

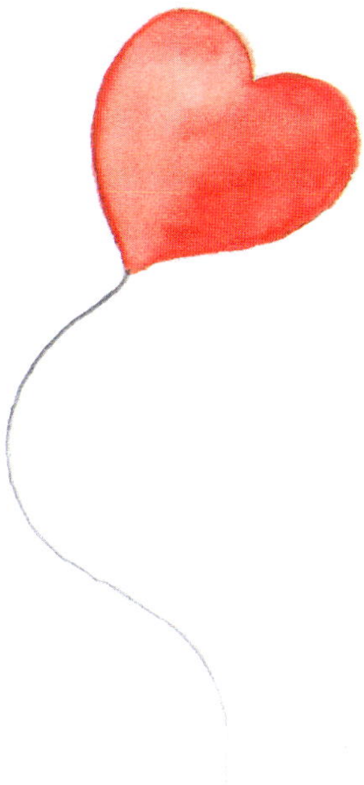

Kam einmal

Kam einmal ein reicher Mann,
hunderttausend gute Taler
für mein liebes Kindchen bot er.
Nein, er kriegt gewiss nicht meins!
Kauf er sich woanders eins.

Bist du nicht mein Liebchen

Bist du nicht mein Liebchen,
schläfst du nicht bei mir,
gibst du mir kein Küsschen –
was mach ich dann mit dir?

Konsequent sein ist nicht immer leicht

Das bedeutet allerdings auch, dass gute Eltern nicht immer die sind, die ihrem Kind und seinen Bedürfnissen freien Lauf lassen, sondern die, die über es wachen und es sanft in die Selbstständigkeit führen. Der andere Aspekt ist das Temperament des Kindes. Manche Kinder finden sich mit Grenzen leicht ab, schmollen vielleicht nur kurz, andere hingegen fangen das Toben an und legen markerschütternde Wutanfälle hin. Hier hilft nur, selbst Ruhe zu bewahren. Bei kleineren Kindern kann man versuchen, sie mit Worten zu besänftigen, größere Kinder kann man auch ins Kinderzimmer schicken und darum bitten, erst wieder herauszukommen, wenn sie ihre Zorneslaune ausgetobt haben. Einhalt sollte auch geboten werden, wenn das Kind in seiner Wut versucht, andere Kinder zu schlagen oder Dinge zu beschädigen.

Besonders bei temperamentvollen Kindern ist eine sichere, verlässliche und bisweilen humorvolle Haltung der Eltern vonnöten.

Reime für unartige Kinder

Mein lieber Bruder Ärgerlich

Mein lieber Bruder Ärgerlich
hat alles, was er will;
und was er hat, das will er nicht;
und was er will, das hat er nicht.

Ich hab ein bös' Schätzle

Ich hab ein bös' Schätzle,
wenn's immer so bleibt,
so stell ich's in' Garten,
dass' die Vögel vertreibt.

Bevor es zu einem Machtkampf kommt, bei dem Sie dem Kind etwas aufzwingen wollen und es sich mit Händen und Füßen wehrt, sollten Sie versuchen, die Sache – wenn es geht – etwas leichter zu nehmen. Ein paar lustige Verse helfen dabei.

Es kam ein Herr zum Schlössli

Es kam ein Herr zum Schlössli
Auf einem schönen Rössli,
Da lugt die Frau zum Fenster raus
Und sagt: »Der Mann ist nicht zu Haus.

Und niemand heim als Kinder
Und 's Mädchen auf der Winden.«
Der Herr auf seinem Rössli
Sagt zu der Frau im Schlössli:

»Sind's gute Kind', sind's böse Kind'?
Ach, liebe Frau, ach, sagt geschwind.«
Die Frau, die sagt: »Sehr böse Kind',
Sie folgen Muttern nicht geschwind.«

Da sagt der Herr: »So reit ich heim,
Dergleichen Kinder brauch ich kein'.«
Und reit' auf seinem Rössli
Weit, weit entweg vom Schlössli.

(Des Knaben Wunderhorn)

Zürnt und brummt

Reime für Kinder mit schlechter Laune

Zürnt und brummt der kleine Zwerg,
Nimmt er alles überzwerch:
Ein' Backofen für ein Bierglas,
Den Mehlsack für ein Weinfass,
Den Kirschbaum für ein' Besenstiel,
Den Flederwisch für ein' Windmühl,
Die Katz für eine Wachtel,
Das Sieb für eine Schachtel,
Das Hackbrett für ein' Löffel,
Den Hansel für den Stöffel.
(Des Knaben Wunderhorn)

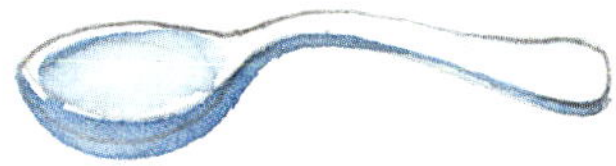

Der Müller tut mahlen

Viele Kinder reagieren Übermut oder Aggression ganz instinktiv mit spontan erdachten Nonsensreimen ab.

Der Müller tut mahlen,
das Rädele geht rum,
mein Kind ist verzürnet,
weiß selbst nicht, warum.

Hans im Schnakenloch

Hans im Schnakenloch hat alles, was er will.
Doch was er hat, das will er nicht,
und was er will, das hat er nicht.
Hans im Schnakenloch hat alles, was er will.

Miesemause, miese

Miesemause, miese,
wovon bist du so griese?
Ich bin so griese,
bin so grau,
ich bin das Mäuschen
Griesegrau.

Wenn Kinder sich selbst überfordern

Tränen kann es nicht nur geben, weil ein Kind von außen eingegrenzt wird. Oft kommt es auch dazu, wenn das Kind die Grenzen seiner eigenen Fähigkeiten erlebt.

Reime zur Aufmunterung

Geht ein Männlein

Geht ein Männlein über die Brück,
hat ein Säcklein auf dem Rück',
legt es auf den Pfosten,
der Pfosten kracht,
das Männlein lacht
und fällt ins Wasser –
plumps!

Es war einmal ein Mann

Es war einmal ein Mann,
der hatte einen Schwamm,
der Schwamm war ihm zu nass,
da ging er auf die Gass,
die Gass war ihm zu kalt,
da ging er in den Wald,
der Wald war ihm zu grün,
da ging er nach Berlin,
Berlin war ihm zu groß,
da macht' er in die Hos,
die Hos wurd' ihm zu klein,
da ging er wieder heim.

Ein Kind, dem etwas misslingt, sollte man niemals verhöhnen, sondern zu einem erneuten Versuch ermutigen.

Eine kleine Dickmadam

Eine kleine Dickmadam
fuhr mit einer Eisenbahn.
Eisenbahn, die krachte,
Dickmadam, die lachte.
Setzte sich ins grüne Gras,
machte sich die Hosen nass.

Trost bei kleinen Unfällen

Hinfallen oder Herunterfallen gehört (leider) zu jedem Kinderleben dazu. Besonders wenn der Bewegungsdrang des Kindes größer wird, können Eltern nicht jeden Schritt überwachen, geschweige denn jedem Sturz oder jeder handfesten Auseinandersetzung auf dem Spielplatz vorbeugen. Wichtig ist auf jeden Fall, dass die Mutter oder der Vater bei einem Malheur sofort in erreichbarer Nähe ist, um den nötigen Trost zu spenden. Bei kleineren Missgeschicken sind liebevoller Zuspruch und eine Umarmung die besten »Pflaster«, um die Schmerzen schneller zu vergessen.

Gerade die ganz Kleinen müssen bei ihrem ständigen Ausprobieren und Üben mit vielen Frustrationen fertig werden.

Reime

Hör doch auf zu weinen

Hör doch auf zu weinen,
die Sonn wird wieder scheinen,
die Glocken werden klingen,
die Vöglein werden singen,
der Kuckuck wird schrein:
's wird wieder schön sein.

Vögel, die nicht singen

Vögel, die nicht singen,
Glocken, die nicht klingen,
Pferde, die nicht springen,
Pistolen, die nicht krachen,
Kinder, die nicht lachen,
was sind das für Sachen?

Reime

Kindchen weint noch immer

Kindchen weint noch immer,
Böckchen stößt so sehr!
Schenkt ihm Mutter einen Kuss:
Sieh mal! Nun weint's nicht mehr.

Seht euch mal mein Kindchen an

Seht euch mal mein Kindchen an
mit den blonden Zottellöckchen,
blaue Augen, rote Bäckchen.
Leute, habt ihr auch so eins?
Leute, nein, so habt ihr keins.

Fingerspiel

Ich ging einmal nach Butzlabee

Ich ging einmal nach Butzlabee,
da kam ich an 'nen großen See,
am Ufer stand ein Mühlenhaus, — *Linke Hand quer hochhalten;*
da schauten fünf Hexen zum Fenster raus. — *die Finger der rechten Hand sind die Hexen;*

Die erste sprach: Komm, iss mit mir! — *mit dem Daumen wackeln,*
Die zweite rief: Komm, sprich mit mir! — *mit dem Zeigefinger wackeln,*
Die dritte bat: Komm, spiel mit mir! — *mit dem Mittelfinger wackeln,*
Die vierte haucht': Komm, tanz mit mir! — *mit dem Ringfinger wackeln;*
Die fünfte nahm den Mühlenstein — *der kleiner Finger wird ganz wild.*

und warf ihn mir ans linke Bein.
Da schrie ich laut: Ojemine,
ich komm nie mehr nach Butzlabee!

Zeigen Sie sowohl Ihrer Tochter als auch Ihrem Sohn, wie stolz Sie auf deren Tatendrang und darauf sind, dass sie so viel wagen.

Reime

Viel Gut's wünsch ich

Viel Gut's wünsch ich Tag und Nacht,
auch wenn die Sterne scheinen.
Ein Feuer, das im Ofen kracht.
Hör, bitte, auf zu weinen.

Wer hat dich gestoßen?

Wer hat dich gestoßen?
Der Bock, der Bock!
Wart, ich hol den Stock,
du böser Bock,
ich werd dir was erzählen,
mein Kindchen so zu quälen!

Nehmen Sie Ihr Kind ernst, und suchen Sie im Gespräch mit ihm die wahren Gründe für einen Misserfolg. Das wird sein Vertrauen in Sie stärken.

SCHLAF, KINDLEIN, SCHLAF …

Von Anfang an ist es möglich, Kindern mit kleinen Einschlafritualen den Übergang vom Wachsein zum Schlaf zu erleichtern. Sich vom Tag mit allen seinen aufregenden Erlebnissen zu verabschieden und in die unbekannte Welt der Träume einzutreten fällt den meisten Kindern schwer. Besonders wichtig ist es dabei, eine ruhige und harmonische Atmosphäre zu schaffen, damit sie sich entspannen, fallen lassen und dann beruhigt einschlafen können. Alle Konflikte des Tages sollten beim Zubettgehen vergessen sein.

Wie viel Schlaf braucht ein Kind?

Auch Kinder haben ein unterschiedliches Schlafbedürfnis. Einige brauchen viel Schlaf, andere kommen mit weniger aus.

Während das Licht des Tages für Aktivität und Erleben steht, bedeutet das einbrechende Dunkel der Nacht den Beginn von Ruhe und Erholung. Im Schlaf stockt der Körper verbrauchte Reserven wieder auf und regeneriert sich. Beim Kind finden sogar alle Wachstumsprozesse während des Schlafens statt, da während der Entspannungsphase das Wachstumshormon gebildet wird.

Ein Baby verschläft so beispielsweise den halben Tag mit durchschnittlich 16,5 Stunden, wenn auch nur stundenweise, was die ersten drei Monate für die jungen Eltern meist etwas strapaziös gestaltet. Und auch später wird das Kind noch immer seinen Mittagsschlaf brauchen, um die anstrengenden Wachzeiten zu überstehen.

Aber auch der Geist und die Seele erholen sich während des Schlafens. Besonders die REM- oder Traumphasen dienen dazu, die Sinneseindrücke vom Tage zu verarbeiten und zu ordnen. Beim Baby machen diese im Vergleich mit dem Erwachsenen das Doppelte aus. Zudem geht man heute davon aus, dass die REM-Phasen maßgeblich bei der Entwicklung des Gehirns mitwirken.

In den ersten drei Lebensmonaten können die Eltern den Schlaf-wach-Rhythmus ihres Kindes noch kaum beeinflussen. Wie das Kind anschließend schläft, ob es leicht einschläft oder schnell aus der Ruhe zu bringen ist, ist einerseits erblich bedingt, andererseits hängt sein Schlafverhalten auch von sicheren Gewohnheiten ab, die Vater und Mutter schon frühzeitig vorgeben können. Ein geordneter Schlaf-wach-Rhythmus ist wichtig für das seelische und körperliche Wohlbefinden eines Menschen. Kinder, die regelmäßige Schlafenszeiten haben, wirken zufriedener, sind aufmerksamer und an ihrer Umgebung interessierter.

Vorbereitung auf den Schlaf

Mit bestimmten Ritualen kann man schon bei den Allerkleinsten dafür sorgen, dass sie sich in ihrem Bettchen wohl und geborgen fühlen. Ein Einschlafritual hilft dabei, dass das Baby allmählich in den Alltag seiner Familie mit dessen besonderen zeitlichen Abläufen hineinwachsen kann. Auch bei größeren Kindern, denen das Umschalten vom hellen Tag mit seinen Aufregungen in die ruhige und dunkle Nacht schwer fällt und die vielleicht auch Angst vor dem Alleinsein haben, ist ein festes Einschlafritual hilfreich. Studien haben gezeigt, dass Kinder, die abends regelmäßig und nach einem vorgegebenen Ablauf ins Bett finden, schneller ein- und durchschlafen.

Hat ein Kind gelegentlich Alpträume, besteht kein Grund zur Sorge. Im Traum werden die Geschehnisse des Tages verarbeitet.

Zehn Finger haben wir

Fingerspiel

Zehn Finger haben wir:	
Eins, zwei, drei, vier, fünf,	*Bis zehn zählen;*
sechs, sieben, acht, neun, zehn.	
Zehn Finger haben wir	*die einzelnen Finger*
an beiden Händen hier.	
Seht, wie sie fröhlich sind.	*jeweils strecken oder beugen*
Sie spielen mit jedem Kind,	
beugen und strecken sich,	*und im Wechsel strecken;*
grüßen sich freundschaftlich,	
legen sich Hand in Hand,	*eine Hand in die andere legen;*
falten sich gewandt.	
Wollen nun nichts mehr tun,	*beide Hände zusammenlegen,*
nur noch im Bettchen ruhn.	*an die linke Wange schmiegen.*

Fingerspiele sind eine optimale Einstimmung auf die Nachtruhe. Grundsätzlich gilt: Vor dem Zubettgehen keine aufregenden Spiele oder Geschichten und kein Fernsehen mehr! Dann kann der Tag ruhig ausklingen, und der Übergang zur Nacht ist leichter.

Fingerspiel

Himpelchen und Pimpelchen

Himpelchen und Pimpelchen	*Die Hände sind zur Faust geballt und zeigen mit angelegten Daumen nach oben;*
stiegen auf den Berg.	*die Daumen richten sich auf, und die Fäuste klettern hoch in die Luft;*
Himpelchen war ein Wichtelmann,	*mit einem Daumen wackeln;*
Pimpelchen ein Zwerg.	*mit dem anderen Daumen wackeln;*
Sie blieben lange dort oben sitzen und wackelten mit ihren Zipfelmützen.	*mit beiden Daumen wackeln;*
Doch nach fünfundsiebzig Wochen sind sie in den Berg gekrochen.	*beide Daumen verschwinden in der Faust;*
Dort schlafen sie in großer Ruh. Seid mal still und hört gut zu:	*wenn das Kind an den Fäusten lauscht,*
Chrr, chrr, chrr, chrr.	*hört es leise Schnarchgeräusche.*

Das Bettchen für die Kleinsten

Auch ein geregelter Tagesablauf erleichtert Ihrem Kind das Einschlafen.

Dem Baby macht man das Einschlafen dadurch leichter, dass die Wiege oder das Kinderbett seinem Bedürfnis nach Enge und Begrenzung, so wie es das aus der Geborgenheit des Mutterleibs gewohnt ist, Genüge tut. Ideal ist es, das Bettchen mit einem Lammfell auszulegen und mit Hilfe von zusammengerollten Tüchern ein Nest rund um das Baby zu bauen.

Das richtige Schlafklima

Auch größere Kinder fühlen sich in einem mit Schmusetieren und Kissen ausstaffierten Bett sehr wohl. Dagegen sollte man aus Sicherheitsgründen auf ein Kopfkissen beim Baby noch verzichten. Ein Schlafsack in der entsprechenden Größe hüllt das Baby und später auch das Kleinkind ebenfalls gut ein, mit dem Vorteil, dass es sich nicht freistrampeln kann und aufwacht, weil es ausgekühlt ist. Das Zimmer, in dem das Kind schläft, sollte wohl temperiert und gut durchgelüftet sein.
Licht und Dunkel bestimmten schon in früheren Zeiten die Zeiten des Aufstehens und Arbeitens sowie des Zubettgehens. Um ein Kind an Schlafenszeiten zu gewöhnen, macht man sich auch heute noch diese Mechanismen zunutze. So werden vor dem Schlafengehen die Vorhänge zugezogen oder die Jalousien heruntergelassen, um ein künstliches Dunkel zu bewirken. Das abnehmende Licht stimmt den Körper und den Geist auf Ruhe ein.

Falls Ihr Kind nicht schlafen kann, sollten Sie mögliche Ursachen abklären: Ist es krank, fühlt es sich alleine, ist es bedrückt oder war der Tag sehr aufregend?

Reime

Schlaf, mein Kindchen

Schlaf, mein Kindchen, süße!
Ich wiege dich mit Füßen,
ich wiege dich mit dem gelben Schuh.
Schlaf und tu die Augen zu.

Willst du, Schelm

Willst du, Schelm, wohl schlafen?
Du sollst doch mit zum Hain,
wo bei bunten Schafen
Lämmerchen sich freun.
Schlummre sanft und süße,
wie Vöglein im Gebüsche,
wie der Hirt im Moos,
schlummre sorgenlos!
Bisseken, bisseken …

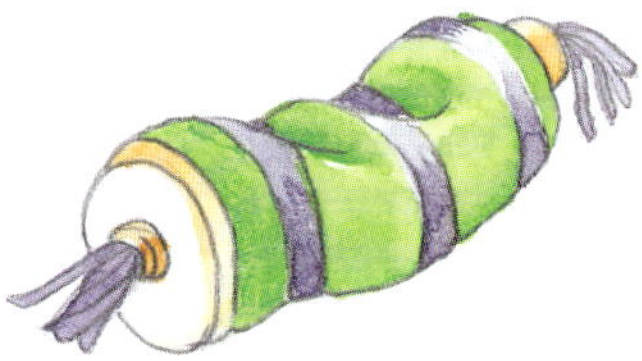

Reime

Höre, mein Kindchen

Höre, mein Kindchen, was will ich dir singen!
Äpfel und Birnen wollt' Vater mitbringen,
Pflaumen, Rosinen und Feigen:
Mein Kindchen soll schlafen und schweigen.

Dass ihr nun recht ruhig schlaft

Dass ihr nun recht ruhig schlaft,
sing ich euch vom kleinen Schaf,
sing ich euch vom Watschelgänschen
mit dem Wickelwackelschwänzchen.

Schlaf, Herzli, schlaf

Jedes Kind hat seine individuellen Schlafgewohnheiten.

Schlaf, Herzli, schlaf,
schlaf, mein kleiner Graf,
bis der Hahn am Morgen früh
lustig ruft sein Güggehüh!
Schlafe, schlafe sieben Stund',
bis der Vater wieder kummt.
Vater ist in Wald gegangen,
will dem Kind ein Vöglein fangen.
Schlaf, Herzli, schlaf,
dann wirst du groß und brav.

In treuer Hut

Abends, wenn ich schlafen geh,
vierzehn Englein bei mir stehn,
zwei zu meiner Rechten,
zwei zu meiner Linken,
zwei zu meinen Häupten,
zwei zu meinen Füßen,
zweie, die mich decken,
zweie, die mich wecken,
zweie, die mich weisen
in das himmlische Paradeischen!

Schlaf, Kindlein, schlaf

Text und Melodie: volkstümlich

Lied

Auch wenn Sie glauben, nicht singen zu können – Ihr Kind findet das Lied, von Ihnen gesungen, mit Sicherheit wunderschön. Die sanfte Melodie beruhigt es und lässt es sachte ins Reich der Träume gleiten.

2. Schlaf, Kindlein, schlaf!
Am Himmel ziehn die Schaf!
Die Sternlein sind die Lämmerlein,
der Mond, das ist das Schäferlein.
Schlaf, Kindlein, schlaf!

3. Schlaf, Kindlein, schlaf!
So schenk ich dir ein Schaf
mit einer goldnen Schelle fein,
das soll dein Spielgeselle sein.
Schlaf, Kindlein, schlaf!

Bald kommt das Sandmännchen

Kinder erleben Gefühle sehr tief. Im Zwiegespräch mit dem lieben Gott können sie diesen Gefühlen Ausdruck verleihen und sicher sein, dass es jemanden gibt, der ihnen bei Krisen hilft.

Andere Rituale bereiten ein Baby darauf vor, dass bald Schlafenszeit ist: das Anziehen eines Schlafanzugs oder eines Schlafsacks und eine Abendmahlzeit bei gedämpftem Licht und in aller Ruhe (je später die letzte Mahlzeit eingenommen wird, desto höher ist die Chance, dass es nach und nach immer länger schläft). Beim Kleinkind wird das Ritual ergänzt durch die abendliche Körperpflege, Bad und Zähneputzen, das gemeinsame ruhige Abendessen in der Familie und eine entspannte, friedliche Atmosphäre, die den Tag ausklingen lässt. Wird das Baby oder das Kleinkind ins Bett gebracht, singt man ihm vielleicht noch ein Schlaflied vor, macht ein kleines Fingerspielchen, schmust mit ihm, liest ihm eine Gutenachtgeschichte vor – mit einem guten Ende, das es in die Nacht begleitet –, betet gemeinsam, küsst es auf die Stirn und wünscht ihm schöne Träume.

Reime

Eiapopeia

Eiapopeia,
schlief lieber als du;
willst mir nicht glauben,
so sieh mir zu,
sieh mir nur zu,
wie schläfrig ich bin,
schlafen, ja schlafen,
da steht mir mein Sinn.

Wie viel Sand in dem Meer

Wie viel Sand in dem Meer,
Wie viel' Sternlein obenher,
Wie viel' Tierlein in der Welt,
Wie viel' Heller unterm Geld,
In den Adern wie viel Blut,
In dem Feuer wie viel Glut,
Wie viel' Blätter in den Wäldern,
Wie viel' Gräslein in den Feldern …

Getrost in den Schlaf sinken

Bei Zubettgehritualen gilt wie bei allen anderen Ritualen auch: Den Ablauf bestimmen Eltern und Kind gemeinsam, solange Verlässlichkeit, Geborgenheit und Zärtlichkeit dem Kind zeigen, dass alles wie immer ist, dass es geliebt wird und dass es keine Angst haben muss.

Wer hat die schönsten Schäfchen?

Text: A. H. Hoffmann von Fallersleben;
Melodie: J. F. Reichardt

Lied

Einschlafrituale erleichtern es, einen eigenen Rhythmus zwischen An- und Entspannung zu finden.

2. Er kommt am späten Abend,
wenn alles schlafen will,
hervor aus seinem Hause
am Himmel leis' und still.

3. Dann weidet er die Schäfchen
auf seiner blauen Flur,
denn all die weißen Sterne,
sind seine Schäfchen nur.

Lied

Kindlein mein

Text und Melodie: volkstümlich

Gedämpftes Licht beim Zubettgehen beruhigt, und Körper und Seele können sich auf den Schlaf einstellen.

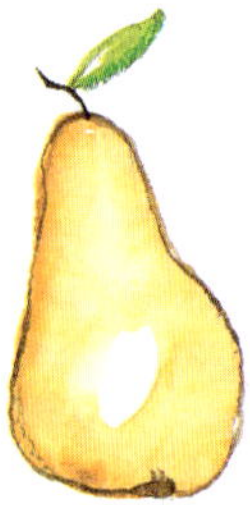

2. Kindlein mein, schlaf doch ein,
will im Lied dir singen.
Äpfel, Nüss, Birnlein süß
will ich dir dann bringen.

3. Kindlein mein, schlaf doch ein,
Vöglein fliegt vom Baume,
fliegt geschwind zu mei'm Kind,
singt ihm vor im Traume.

Sonne hat sich müd' gelaufen

Reim

Sonne hat sich müd gelaufen, spricht: »Nun lass ich's sein!«
Geht zu Bett und schließt die Augen und schläft ruhig ein.

Bäumchen, das noch eben rauschte, spricht: »Was soll das sein?
Will die Sonne nicht mehr scheinen, schlaf ich ruhig ein!«

Vogel, der im Baum gesungen, spricht: »Was soll das sein?
Will das Bäumchen nicht mehr rauschen, schlaf ich ruhig ein!«

Häschen spitzt die langen Ohren, spricht: »Was soll das sein?
Hör ich keinen Vogel singen, schlaf ich ruhig ein!«

Kommt der Mond und guckt herunter, spricht:
»Was soll das sein?
Kein Jäger lauscht?
Kein Häschen springt?
Kein Vogel singt?
Kein Bäumchen rauscht?
Kein Sonnenschein?
Und 's Kind allein sollt wach noch sein?
Nein! Nein! Nein!
Lieb' Kindchen macht die Augen zu,
lieb' Kindchen schlaft schon ein!«

Wenn das Kind weiß, dass alles um es herum auch zur Ruhe geht, selbst Hasen und Vögel, dann braucht es auch keine Angst zu haben, etwas zu versäumen, und kann beruhigt einschlafen.

Ein Kind zu Bett bringen

Das Einschlafritual sollte immer gleich gestaltet werden: das Lied in derselben Tonlage singen, es gleich betonen, dieselben Gesten machen und es beenden, indem man das Kind beispielsweise küsst, die Decke glatt zieht, das Licht ausknipst und das Zimmer verlässt.

Gebete zur Nacht

Für Kinder ist es sehr tröstlich, wenn sie wissen, dass es eine höhere Macht gibt, die sie gerade nachts beschützt, wenn sie hilflos sind. Dazu gehören insbesondere Engel, die in der Phantasie von Kindern einen wichtigen Platz einnehmen.

Abendgebet

Schon glänzt der goldne Abendstern,
gut Nacht, ihr Lieben, nah und fern,
schlaft ein in Gottes Frieden!

Die Blume schließt die Äuglein zu,
der kleine Vogel geht zur Ruh,
bald schlummern alle Müden.

Du aber schläfst und schlummerst nicht,
du treuer Gott im Sternenlicht,
dir will ich mich vertrauen.

O hab auf mich, dein Kindlein, Acht!
Lass mich nach einer guten Nacht
die Sonne fröhlich schauen!

Lieber Engel, gute Nacht

Lieber Engel, gute Nacht,
halt an meinem Bettchen Wacht!
Deck mich mit deinen Flügeln zu,
dass ich sanft und sicher ruh,
bis die Sonne wieder lacht.
Lieber Engel, gute Nacht!

Hab ich mein Kindelein

Hab ich mein Kindelein
schlafen gelegt,
hab ich's mit
»Walte, Gott« zugedeckt:
Dass walte, Gott walte,
Sohn, heiliger Geist,
der mir mein Kindelein
tränket und speist.

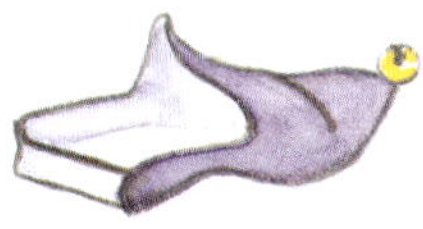

Gottes Sternlein glänzen wieder

Gottes Sternlein glänzen wieder
still und schön in ihrer Pracht!
Lieber Gott im Himmel oben,
gib mir eine gute Nacht!

Wachet Sternlein: Ich will schlafen,
bis die schöne Sonne lacht.
Lieber Gott, dein Kindlein hüte,
gib mir eine gute Nacht!

Schicke mir ein Englein nieder,
dass es mir am Bette wacht.
Gib auch meinen lieben Eltern
eine sanfte, gute Nacht!

Hüte auch die müden Kinder,
nimm sie väterlich in Acht.
Lieber Herrgott, gib uns allen
eine sanfte, gute Nacht.

WIE SICH EIN KIND ENTWICKELT

Kinder absolvieren im Laufe ihres Wachstums ein immenses Lernpensum. Jeden Tag erleben sie Erstaunliches und Unbekanntes, das aufgenommen und verarbeitet werden muss. Jeden Tag gibt es neue Herausforderungen, für die sie ihre Fähigkeiten und Fertigkeiten weiter ausbilden müssen, um ihnen gewachsen zu sein. Rituale sind in diesem Meer von unvorhersehbaren Ereignissen Ruheinseln, die Halt und Sicherheit geben.

Auf dem Weg in die Erwachsenenwelt

Nachdem wir die äußeren Faktoren betrachtet haben, die das Kind während seines Heranwachsens beeinflussen und prägen, wenden wir uns jetzt den inneren Faktoren zu. Dabei handelt es sich um den Wachstumsprozess des Körpers, der geistigen und seelischen Kompetenzen des Kindes. Wenn wir uns bewusst machen, wo unser Kind in der Entwicklung steht, fällt es uns leichter, Rituale zu deuten, die es sich selber schafft, aber auch selbst Rituale einzuführen, um ihm die Übergänge zwischen verschiedenen Entwicklungsphasen und auch die immer stärker werdenden Loslösungsprozesse zu erleichtern. Diese werden vom Kind und seiner Familie als schwierige oder (nicht selten) als Krisenzeiten erlebt.

Typische Krisenzeiten in der Entwicklung des Kindes

- ★ Die Fremdelphase im siebten bis achten Lebensmonat
- ★ Die Trotzphase ab etwa dem dritten Lebensjahr
- ★ Der Übergang vom Kindergarten in die Schule
- ★ Die Pubertät ab etwa dem zwölften Lebensjahr

Manche Kinder »überholen« in ihrem Wachstum die Tabelle, andere lassen sich etwas mehr Zeit.

Jedes Kind durchläuft dieselben Entwicklungsphasen, in denen sich Körper, Geist und Seele sowie ein Bewusstsein für sich selbst und die Welt, in der es lebt, ausbilden. Trotzdem wäre es ein großer Fehler, den Wert seines Kindes nach der Erfüllung bestimmter Entwicklungsnormen zu beurteilen. Jedes Kind ist verschieden und sollte so geliebt werden, wie es sein will, und nicht nur dann, wenn es so ist, wie es sein soll. Die hier beschriebenen Phasen dienen daher lediglich als grobe Orientierungshilfe hinsichtlich der Bedeutung und der richtigen Zeitpunkte für den Einsatz bestimmter Rituale.

Denn wenn wir uns als Eltern und Erzieher die verschiedenen Stufen bewusst machen, auf denen die Gefühlswelt und das Bewusstsein unserer Kinder heranreifen, können wir nicht nur unsere Erziehungsarbeit sinnvoll bereichern. Wir werden selbst gelassener, sicherer und ruhiger und bringen diese Eigenschaften in das Leben unserer Kinder ein.

Das erste Lebensjahr

Was das Kind im Leib der Mutter vor seiner Geburt erfährt und spürt, prägt vor allem die Entwicklung seiner Bewegungsfähigkeit und seines Körpersinns. Dieser bleibt nach der Geburt noch lange Zeit dominant. Schließlich dient er vor allem der Selbsterhaltung und dem Schutz vor unwillkommenen Reizen. So sind die ersten kindlichen Erfahrungen, auch wenn die anderen Sinne zunehmend an der Aufnahme der Welt mit beteiligt werden, vor allem körperlicher Natur. Nur über die körperliche Erfahrung von Nähe beispielsweise lernt das Neugeborene, sein inneres Gleichgewicht zu finden und sein Urvertrauen zu bestätigen.

Um das Urvertrauen zu erhalten und zu bestätigen, sollten die Bedürfnisse des Babys nach Bindung und körperlicher Geborgenheit in seinen ersten Lebensmonaten an erster Stelle stehen.

Die Entstehung des Urvertrauens

Ab der zweiten Schwangerschaftshälfte nimmt ein Embryo den Herzschlag seiner Mutter wahr. Dieses Geräusch vermittelt ihm Verlässlichkeit und Geborgenheit und ist die Wurzel für das so genannte Urvertrauen. Es bildet die Grundlage für eine gesunde Entwicklung des Vertrauens des Kindes zu seiner Umwelt.

Auch Gefühle erlebt das ungeborene Baby bereits im Mutterleib mit jeder Emotion und jedem Tun der Mutter. Wenn es auf die Welt kommt, ist es bereits höchst empfindungsfähig. Dies ist insofern wichtig, als es dadurch seine Bedürfnisse nach Nahrung, Ruhe und Geborgenheit mitteilen kann. Schon im zweiten Monat stellt sich die Fähigkeit ein, sich zu erregen und zu beruhigen. Mit diesen Gefühlsregungen wird den Eltern signalisiert, wie sie auf ihr Baby reagieren sollen.

Das erste Lebensjahr stellt vor allem an die jungen Eltern große Anforderungen. Sie geraten in dieser Zeit häufig in Krisen, weil sie von dem kleinen, unbekannten Wesen mit seiner rätselhaften Sprache überfordert sind.

Neben dem Gefühlsleben des Babys entwickeln sich auch seine Sinne weiter. Durch sie lernt es seine Außenwelt nach und nach besser kennen. Ab dem zweiten Monat hat sich der Gehörsinn weiter- und der Gesichtssinn bereits gut entwickelt. Die große Phase des Erwachens und Aufnehmens hat begonnen.

Bedingungslose Aufnahmebereitschaft

Die Welt stellt sich einem Kind mit seinen wachsenden Erkenntnisfähigkeiten auf diese Weise wie ein immer größer werdender Spielplatz dar, auf dem es die Erfahrungen macht, die neben seiner ererbten Veranlagung zu bestimmten Charakterzügen seine Persönlichkeit, sein Wesen und sein Verhalten prägen.

Im ersten Jahr absolviert das Kind ein Lernpensum, das dem der nächsten siebzehn Jahre vergleichbar ist. Seine Aufnahmebereitschaft ist bedingungslos. Es nimmt alles, was sich ihm präsentiert, auf und setzt alles, was es sinnlich erfährt, sofort in ein Gefühl um. Emotionen, die angenehmer Natur sind, schenken ihm Geborgenheit, Gefühle der Unlust hingegen stören seine empfindliche innere Ruhe. Diese Gefühle prägen sich dem Kind nach wiederholtem Erleben ein und bestimmen so die Entwicklung seiner körperlich-geistigen Beweglichkeit.

Die Gefühlswelt bildet sich weiter aus

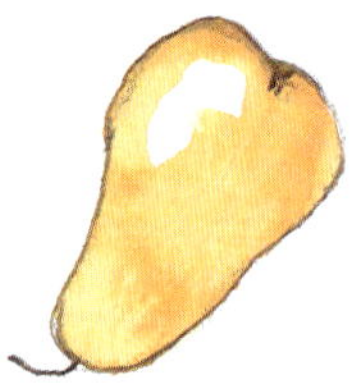

Aus den Verhaltensmustern von Unlust, Erregung und Selbstberuhigung erwachsen in den nächsten Monaten eine ganze Reihe weiterer Gefühlszustände, die dem Kind helfen, sich nach außen hin verständlich zu machen, um letztlich die wachsenden Bedürfnisse nach neuen Erfahrungen zu befriedigen. Im Laufe seiner ersten 15 Monate hat das Baby alle Gefühle ausgeprägt, die wir beim Menschen kennen.

Auch seine motorischen Fähigkeiten entwickeln sich weiter, es bringt sich durch Schmecken und Greifen selbst viel bei. Das Baby ahmt Bewegungen nach, die es an sich selbst sieht und greift nach Gesehenem. Seine Neugierde entfaltet sich und erstreckt sich auch auf die Entdeckung des eigenen Körpers.

Hilfreiche Ordnungsstrukturen für die Kleinsten

Mit etwa sieben oder acht Monaten beginnt das Baby, zu fremdeln und Trennungsangst vor allem bezüglich seiner Mutter zu entwickeln. Es beginnt, zwischen Vertrautem und Fremdem zu unterscheiden. Je symbiotischer seine Bindung zur Mutter ist, desto ausgeprägter erlebt es diese Phase. Sie stellt eine Vorstufe der beginnenden Loslösung vom »Nest« dar.
Das Baby beginnt jetzt auch mit dem ersten bewussten Planen, der Erforschung der eigenen Wirksamkeit und der Entwicklung von Verständnis für zeitliche Abfolgen sowie von Vorstellungskraft. Der Entdeckungsdrang wächst oft gleichzeitig mit der Fähigkeit zu krabbeln oder mit dem Sitzen-, Stehen- und schließlich freien Gehenkönnen. Schon jetzt ist es sehr wichtig, die Menge der neuen Eindrücke für das Kind zu begrenzen bzw. ihm Ordnungsstrukturen und Rituale anzubieten: wie beispielsweise einen geregelten Tagesablauf mit festen Essenszeiten, Körperpflege- oder Einschlafrituale. Ruhe in Abwechslung mit Bewegung und Spiel ist in dieser Phase bereits essenziell für die Lebens- und Welterfahrung des Kindes. Je besser es erste Strukturen verinnerlichen kann, desto leichter fällt es ihm, sich nach außen zu orientieren und seiner Umgebung zu vertrauen.

Für diese Zeit gibt es kleine Rituale, um die Eltern zu stützen, die Bindung zum Kind zu stärken und gleichzeitig die beginnende Loslösung, die in der Regel mit dem Abstillen einhergeht, besser zu bewältigen.

Durch Rituale Krisen vorbeugen und meistern

Je stabiler das Urvertrauen ist, das sich durch derartige verlässliche Erfahrungen festigt, desto zufriedener wirkt das Kind. Es lernt im weiteren Verlauf des ersten Jahres, auch einmal ohne seine Mutter auszukommen, sich alleine zu beschäftigen, seine Stimme mit Freude zu gebrauchen, mit seinem Körper zu spielen. Zudem weitet es seine Bindungen nach und nach auch auf andere als verlässlich erlebte Menschen aus, wie z. B. den Vater, die Geschwister oder Großeltern. Jetzt lernt es auch, fremde Menschen von vertrauten zu unterscheiden und Angst vor den Unbekannten zu entwickeln.

Zu Beginn seines Lebens kann das Baby mehr mit Atmosphäre, Körperlichkeit und Tönen anfangen als mit dem gesprochenen Wort. Es reagiert sehr gut auf einfache Melodien und Rhythmen.

Rituale für Babys

★ **Wickeln** Diese erste Stufe der Körperpflege können Mutter und Vater zu einem Ritual gestalten. Sprechen Sie mit Ihrem Kind, singen Sie ihm etwas vor, streicheln Sie es, und machen Sie, wenn es ihm angenehm ist, eine kleine Ganzkörpermassage.

★ **Stillen** Je nachdem, welches Verhältnis Sie zum Stillen haben, können Sie daraus auch ein Ritual der Stille entwickeln. Das Stillen erfüllt zwei Funktionen, die der Ernährung des Babys und die der Befriedigung des Bedürfnisses nach Körpernähe. Ritualisieren können Sie den Platz, an dem Sie stillen, später auch die Zeiten, die für Mutter und Kind stimmen sollten.

★ **Entwöhnen** Die Zeit der Entwöhnung umfasst die möglichst behutsam eingeleitete Phase, in der sich die symbiotische Beziehung des Babys zur Mutter löst. Sie kann bis ins zweite Lebensjahr des Kindes reichen, je nach der Persönlichkeit der Mutter und des Babys. Wichtig ist bei der Entwöhnung, dass das Baby bereits mit festen Handlungsabläufen vertraut ist, auf die es sich verlassen kann, und dass es schon zur Selbstberuhigung fähig ist, beispielsweise durch das Lutschen am Daumen oder an einem Schnuller bzw. mit Aktivitäten wie: sich in den Schlaf »sprechen« oder summen, mit den Händchen, einem Stück Stoff oder einem Stofftier spielen. Zu den verlässlichen äußeren Größen gehören feste Essenszeiten, Ruhezeiten, Spiel- und Schmusezeiten. Alles, was ihm in der Zeit der Entwöhnung zunächst fehlt, sollte zeitlich möglichst begrenzt sein, um das noch wachsende Urvertrauen nicht zu beschneiden.

★ **Einschlafen** Wann ein Säugling das erste Mal »durchschläft« hängt von verschiedenen Faktoren ab. Dazu gehören eine schmerzfreie Verdauung ohne belastende Blähungen, ein Gefühl der Sättigung und der Zufriedenheit. Trotzdem kann man auch schon bei den ganz Kleinen mit der Einführung von Einschlafritualen beginnen. Diesem Thema ist ein ausführliches Kapitel ab Seite 150 gewidmet. Dort finden Sie Schlaflieder und andere Tipps für sanfte Einschlafhilfen.

18 Monate bis drei Jahre

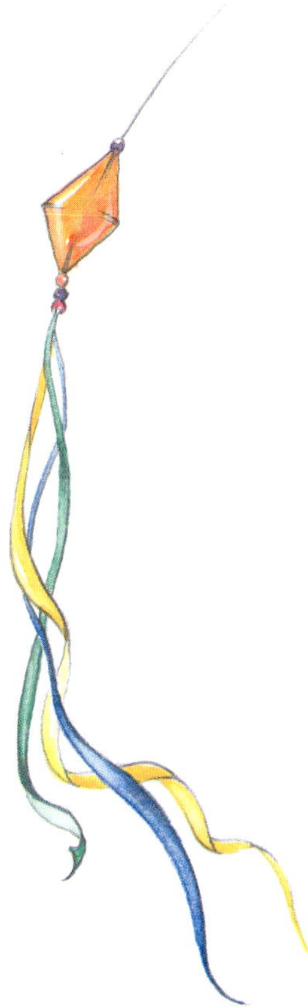

Mit etwa eineinhalb Jahren lernt das Kleinkind zu kombinieren und Zusammenhänge besser zu begreifen. Es wechselt zwischen verschiedenen Spielmöglichkeiten und sucht Umwege, um auch in unbekannten Situationen Lösungen zu finden. Es ahmt Handlungen nach, die es an Mutter, Vater oder anderen Kindern sieht. Es lernt, Grimassen zu ziehen und die Motorik seines Mundes bewusst einzusetzen. Hinzu kommt eine verbesserte Koordination beider Hände und der Finger. Werkzeuge werden benutzt, um Öffnungen in Gegenständen zu untersuchen. Das Kleinkind erlebt seine Umwelt jetzt intensiv, ist neugierig, interessiert an Kontakten mit anderen Menschen, mitteilungsbedürftig und höchst aufnahme- und anpassungsfähig.

Phantasie, Sprache und Ichbewusstsein wachsen

Auch die Art der Verarbeitung von Umweltreizen entwickelt sich weiter. Das Kind lernt jetzt, ansatzweise zu abstrahieren. Es setzt bestimmte Symbole für Gefühlsinhalte. Ein Schmuseteddy, der lieb gehabt wird, zeigt die Zuneigung des Kindes zu Mutter oder Vater. Wird der Teddy aber durch die Luft geschleudert, ist dem Kind vielleicht die elterliche Nähe zu viel.
Auch die Phantasie des Kindes nimmt einen größeren Raum in seinem Erlebnisspektrum ein. Es wird sich seiner Kräfte bewusst und lernt, diese zu beherrschen. Dazu gehört auch die wachsende Kontrolle über seine Ausscheidungsorgane.
Sein Sprachvermögen reift. Indem es verschiedene Rollen übernimmt, lernt es, sich in diese hineinzufühlen. Und es lernt, »Ich« nicht nur zu sagen, sondern sich als mit eigenem Willen ausgestattet zu begreifen.
Das Kind lernt auch zu unterscheiden: zwischen Tag und Nacht, zwischen heiß und kalt, zwischen weich und hart – und zwischen den besonderen Charakteristika der verschiedenen Personen, die es umgeben (beispielsweise, bei wem es etwas darf und bei wem nicht).

Phantasie und das Spektrum der Gefühle erweitern sich im Laufe der ersten Jahre stetig. Das Kleinkind versteht einfache Geschichten, Reime und Lieder und kann sie auch erzählen.

Verbote sind meist sinnlos, weil sie auf der Allmacht der Eltern und der Ohnmacht der Kinder basieren. Kinder werden immer versuchen, sie zu unterlaufen. Bei Ritualen wird erklärt und verhandelt, wobei Kinder beteiligt sind.

Rituale, die in dieser Zeit wichtig sind

★ Der Tag kann von morgens bis abends durch feste Zeiten, wie Mahlzeiten, Spielzeiten oder Zubettgehzeiten, strukturiert werden. So fällt es dem Kind leichter, seine Wahrnehmungen zu ordnen und sich zu orientieren.

★ Das Selbstvertrauen stärken beispielsweise Übungen für den Körpersinn (Kniereiter) und Naturerlebnisse.

★ Das Vertrauen in die Familie kann durch Geborgenheit stiftende Rituale wie gemeinsame Mahlzeiten oder Einschlafrituale gefestigt werden.

★ Die Loslösung kann durch Einzelrituale (selbst essen, sich selbst waschen und anziehen) geübt werden.

Grenzen setzen, Geborgenheit schenken

Bis zum dritten Lebensjahr ist das Kind auch auf eine andere, strengere Form von Ritualen angewiesen, die sein wachsendes Ich durchaus einmal einschränken können. Grenzen sind in Situationen angebracht, in denen das Kind sich, andere oder das Gut von anderen schädigen könnte. Es gibt vieles, was ein Kind ausprobiert, um Grenzen zu prüfen.

Allein die Erkenntnis, dass z. B. das Buch auf dem mütterlichen oder väterlichen Nachttisch nicht in seine Einzelteile zerlegt werden soll oder dass die Kristallgläser auf dem Esstisch nicht zum Safttrinken und zum Spielen geeignet sind, kann ein Kleinkind, das sich eben damit beschäftigen wollte, sehr frustrieren. Grenzen sind jedoch absolut notwendig, um ein ausgewogenes soziales Miteinander und die Rechte der einzelnen Familienmitglieder zu wahren. Das Kind lernt durch sie, sich seiner Kräfte und seiner Wirkungen bewusst zu werden, aber auch Enttäuschungen zu ertragen. Genauso erkennt es die Wirkungen anderer Menschen und sieht, wie diese mit ihren Niederlagen umgehen. Grenzen helfen ihm dabei, zwischen seinem Ich und der Welt zu unterscheiden, aber auch Durchsetzungskraft und Selbstwertgefühl zu entwickeln.

Einfühlungsvermögen und Konsequenz sind gefragt

Um Grenzen zu setzen, bedarf es einer guten Intuition für das Gefühlsleben und die Bedürfnisse des Kindes, einen klaren Blick auf die eigene Bedürfnislage und auf die Konsequenzen. Nicht zuletzt ist Flexibilität beim Auflösen von Grenzen gefragt. Sie ist dann vonnöten, wenn das Kind sich weiterentwickelt, seine Handlungen besser einschätzen lernt und die bisherigen Grenzen nicht mehr angemessen sind.

Bei Grenzsetzungen handelt es sich immer um Gratwanderungen, da das Kind, das in diesem Alter die Loslösung von der Mutter übt, auf deren Liebe und Zuneigung nach wie vor in höchstem Maße angewiesen ist. Mit Geduld und einem Ordnungsrahmen, der den ganzen Familien- und Kinderalltag umspannt, fällt es leichter, diese Phase durchzustehen.

Der Freiheitsdrang und das Bedürfnis nach sozialen Kontakten werden immer größer. Da bleiben Konflikte nicht aus, wenn Wünsche und Meinungen von anderen nicht respektiert werden. Regeln für das Zusammenleben bekommen daher immer mehr Sinn.

Viertes bis siebtes Lebensjahr

Im Vorschulalter wird ein Kind immer interessierter an sozialen Kontakten zu anderen Menschen außerhalb der Familie und vor allem zu Gleichaltrigen, die es vorher eher als interessante, lebendige Objekte denn als Spielkameraden wahrgenommen hat. Das Spiel mit anderen Kindern wird nun zum Studium sozialen Verhaltens, zu einem neuen Erlebnis von Grenzen und Verhältnismäßigkeiten.

Das Sprachvermögen verfeinert sich weiter: Die Zeit der Fragen, des Zuhörens und des Erzählens ist angebrochen. Im so genannten Märchenalter ziehen Geschichten, Fabeln, Märchen, Lieder und längere Reime, in denen viel und Abenteuerliches geschieht, das Kind besonders in den Bann. Im Kind festigt sich die Erkenntnis, dass es eine eigenständige Persönlichkeit ist, die in einer Welt mit vielen interessanten Menschen und Geschehnissen lebt. Es stellt fest, dass es eine Wirkung auf andere hat, und wird fähig zur Diskussion. Man kann ihm mit vernünftigen Argumenten begegnen. Es begreift, dass seine Handlungen Folgen haben und nicht mehr als Spiel für sich dastehen.

Erhöhte Empfindlichkeit des Kindes

Tagesrituale helfen dem Kind bei der Loslösung vom Zuhause. Es fühlt sich in der elterlichen Geborgenheit sicher, ohne dass es in seinem wachsenden Bewegungsdrang gehemmt wird.

Doch ist dieser Altersabschnitt, an den sich die meisten Menschen als »Kindheit« zurückerinnern können, auch geprägt von großen Ängsten, die Ausdruck für die kindliche Sensibilität und Phasen der Überforderung sind. Nachtschreck und Alpträume sowie Störungen des körperlich-seelischen Gleichgewichts fallen häufig in die Zeit, wenn das Kleinkind den gewohnten familiären Rahmen verlässt und in den Kindergarten geht oder später in die Schule überwechselt. Ängste, die über einen längeren Zeitraum hinweg auftreten, sind ein Zeichen dafür, dass sich das Kind durch die Gruppe oder durch die Lerninhalte überfordert fühlt. In diesem Fall sollte es noch ein Jahr länger zu Hause bleiben und entsprechend später in den Kindergarten gehen oder eingeschult werden. Andererseits müssen sich auch die Eltern und allen voran die Mutter fragen, ob es nicht ihr besonderes Anliegen ist, das Kind bei sich zu behalten. In manchen Fällen leiden die Mütter mehr unter der Loslösung ihrer Kinder als diese selbst. Erfahrene Erzieherinnen beraten Eltern gerne dabei, wann der richtige Zeitpunkt für den Kindergarten oder die Schule gekommen ist.

Aus dem Kindergarten- wird ein Schulkind

Wenn der Übergang in die Schule ansteht, hat das Kind schon öfter Trennungsängste durchlebt und diese überwunden. Die Angst vor neuen Erfahrungen ist geringer geworden. Es weiß, dass es die Welt außerhalb des gewohnten Elternhauses im Rahmen von Gleichaltrigen bewältigen kann. Ist innerhalb der Kindergartengruppe bisher alles gut verlaufen, fühlt sich das Kind auch selbstsicher genug, um in einem größeren Schulverband zu bestehen. Die größere Hürde, die das Kind jetzt überwinden muss, ist die Leistungsanforderung und die damit verbundene Arbeitshaltung. Die häufigsten Probleme, unter denen Kinder zu Beginn der Schulzeit leiden, sind der ungewohnte Leistungsdruck, die übertriebenen Erwartungen der Eltern und nicht zuletzt das Gefühl der Langeweile angesichts der wenig spielerischen Atmosphäre.

Pflichten stärken die kindliche Eigenständigkeit

Rituale im Tagesablauf wie die Übertragung kleinerer Pflichten, die das Kind neben seinen schulischen Aufgaben jedoch nicht zusätzlich überfordern sollten, stärken die Autonomie des Schulkindes. Kinder in diesem Alter neigen zum Entwerfen von Phantasiespielen, zu denen die Eltern möglichst keinen Zugang haben sollten. Auch Schmuseobjekte, -tiere oder -puppen sind für geheime Unterredungen wichtig. Gelassenheit und Sicherheit vonseiten der Eltern und die Bereitschaft dem Kind in Maßen Verantwortung zu übertragen, wenn möglich durch ein Haustier, das ihm gehört, stützen das Kind und helfen ihm auf der nächsten Etappe zur Loslösung vom Elternhaus: dem Weg in die Pubertät.

Rituale helfen bei Entwicklungskrisen

Jedes Kind erlebt die Loslösung vom Zuhause als Krise, das eine mehr, das andere weniger. Doch auch wenn ein Kind über einen längeren Zeitraum unruhig und unleidlich ist, obwohl man als Eltern annimmt, dass der Übergang in die Kindergartengruppe oder die Schule doch langsam überstanden sein müsste, ist dies noch lange kein Grund, eine Entwicklungsstörung anzunehmen. Krisenzeiten durchziehen die ganze Kindheit. Stimmungsschwankungen oder Verhaltensauffälligkeiten, wie etwa der Rückfall in ein früheres Kindheitsstadium, sind meist entwicklungsbedingt. Vielleicht ist das Kind aber auch gerade dabei, etwas frisch Erlerntes innerlich zu festigen, während gleichzeitig ein neuer Entwicklungsschub erfolgt. Die einzelnen Entwicklungsphasen folgen schließlich nicht immer in Reih und Glied aufeinander, sondern können sich auch überlagern. Diese Prozesse kosten Kinder wie Eltern Kraft und Nerven. Doch sie sind zeitlich begrenzt.

Geduld, Sicherheit, Rituale, die auf das Kind abgestimmt werden, und kollektive Familienbräuche und -gewohnheiten, verbunden mit den phantasievollen, traditionsreichen Reimen und Liedern, helfen in der Regel, diese Zeiten gut zu überstehen und unaufdringlich Geborgenheit zu vermitteln.

Wenn ein Kind überempfindlich oder nervös reagiert, ist dies meist Ausdruck für eine momentane Überforderung oder eine Änderung der kindlichen Lebenssituation, wie z. B. der Wechsel in den Kindergarten.

VIEL GLÜCK UND VIEL SEGEN …

Die Torte mit vielen Kerzen, das Geburtstagsständchen, Geschenke, das Fest mit allen Freunden – diese Rituale gehören zu den wichtigsten Erinnerungen an die Kindheit. Der Geburtstag ist der Ehrentag, der ausschließlich dem Kind gewidmet ist. Alle gratulieren und zeigen ihm, wie sehr sie es mögen. Es darf diese Gesten der Zuneigung in vollen Zügen genießen, und sie geben ihm Kraft und Zuversicht für das neue Lebensjahr.

Geburtstag – der schönste Tag im Jahr

Zum Mittagessen darf sich das Kind ein Lieblingsgericht wünschen, auch wenn die Zusammenstellung wahrhaft abenteuerlich ist. Heute ist schließlich Geburtstag.

Der Geburtstag ist für jedes Kind ein ganz wichtiger Tag und ein Höhepunkt im Jahr, und nicht nur, weil es an diesem Tag im Mittelpunkt aller Geschehnisse steht. Mit jedem Jahr verändert sich etwas im Leben des Kindes. Jedes Jahr ergänzt sich seine Persönlichkeit um neue Erfahrungen und Fähigkeiten, neue Rechte und Pflichten. Zum wichtigen Tag wird der Kindergeburtstag etwa ab dem dritten Lebensjahr, wenn das Kind Spaß am gemeinsamen Spiel mit Gleichaltrigen hat.
Zeigen Sie Ihrem Kind an diesem Tag, dass sie glücklich darüber sind, dass es da ist. Ein Fest, das zu seinem Geburtstag veranstaltet wird, zeigt ihm, dass es von Mutter und Vater, den Geschwistern und Freunden als jemand ganz Besonderer wahrgenommen wird. Bestimmte Zeichen, die wir setzen können, machen den Kindergeburtstag zum gelungenen Fest, an das sich das Kind lange zurückerinnern wird.
Decken Sie den Frühstückstisch mit Blumen, einem Geburtstagskuchen und so vielen Kerzen, wie es dem Alter Ihres Kindes entspricht. Legen Sie ein oder zwei heiß ersehnte Geburtstagsgeschenke neben seinen Teller.
Anschließend weckt die ganze Familie das Kind mit einem Geburtstagslied. Wenn genügend Zeit ist, sehen Sie sich gemeinsam das Kinderalbum aus den ersten Lebensjahren des Kindes an, erzählen Sie ihm, wie es auf die Welt gekommen ist und wie Sie sich auf seine Ankunft gefreut haben.

Frühzeitig mit der Planung beginnen

Etwa zwei Wochen vor dem geplanten Geburtstagsfest überlegen Sie gemeinsam mit Ihrem Kind, wen es einladen kann. Halten Sie die Zahl der Gäste dabei in einem für Sie überschaubaren Rahmen, und empfehlen Sie ihm, wirklich nur die engsten Freunde und Spielkameraden einzuladen.

Während das Kind im Kindergarten oder in der Schule ist, bereiten Sie das Fest vor. Planen sie Aktivitäten für die Kinder als Mischung aus lauten und leisen Spielen, aus Beschäftigungen für die Hände und Füße, aus Zuhören und Vorlesen, aus Liedern und Reigenspielen, aus Malspielen und aus einem Kinderessen, das möglichst nicht nur aus Süßigkeiten besteht. Lassen Sie das Fest mit möglichst ruhigen Spielen ausklingen. Beliebt sind die traditionellen Kinderspiele, die Sie in diesem Kapitel finden.

Nehmen Sie sich abends vor dem Einschlafen dann noch Zeit, um gemeinsam mit Ihrem Kind seinen aufregenden Tag noch einmal zu betrachten und darüber zu reden.

Mit einem richtigen Abschluss kann das gemeinsam Erlebte zu einem harmonischen Ende gebracht werden. Dann erinnern sich alle gerne an das Fest.

Kräht der Hahn früh am Morgen

Text und Melodie: volkstümlich

Lied zum Geburtstag

* An dieser Stelle wird der Vorname des jeweiligen Geburtstagskindes eingesetzt.

Spiele für draußen

Der schwarze Mann

Entstanden aus den Pest- und Totentänzen des Mittelalters, ist »Der schwarze Mann« eine spielerisch abgewandelte Allegorie auf den Tod, der seine Schar ständig vermehrt.

Alle Kinder stellen sich der Größe nach in einer Reihe auf und zählen durch. Wen die Zahl Neun trifft, der ist der schwarze Mann. Er stellt sich auf eine Seite eines abgesteckten Spielfelds. Auf der anderen sind die restlichen Kinder und singen:

»Schwarzer Mann, rühr mich nicht an!«

Der schwarze Mann ruft: »Fürchtet ihr euch vorm schwarzen Mann?«

Die anderen Kinder antworten: »Nein, nein, nein!«

»Was macht ihr, wenn er kommt?«

»Dann laufen wir davon!«

Auf dieses Signal hin wechseln der schwarze Mann und die Kindergruppe die Seiten. Die Kinder müssen dabei versuchen, die andere Seite zu erreichen, ohne dass sie der schwarze Mann fängt. Allerdings darf der nur nach vorne rennen, die Kinder ihm jedoch ausweichen. Wen er zu fassen bekommt, muss ihm in der nächsten Runde beim Fangen helfen. Sind schließlich alle Kinder gefangen, beginnt das Spiel von neuem, indem erneut durch Auszählen oder durch einen Abzählreim der schwarze Mann bestimmt wird.

Verstecken mit Anschlagen

Nach dem Abzählen stellt sich das Kind, das die anderen suchen muss, mit dem Gesicht zu einer Mauer oder einer Wand hin, so dass es nicht sehen kann, wohin seine Mitspieler gehen, um sich zu verstecken. Diese Stelle ist zugleich das Freimal. Nun zählt das Kind mit geschlossenen Augen laut bis zehn oder ruft langsam den Reim:

Einer der beliebtesten und häufigsten Abzählreime ist dieser:
Ich und du,
Müllers Kuh,
Müllers Esel,
der bist du.

Eins, zwei, drei, vier, Eckstein,
alles muss versteckt sein.
Hinter mir und vor mir, gilt es nicht.
Eins, zwei, drei – ich komme!

Dann fängt es an zu suchen. Hat es einen Mitspieler entdeckt, beginnt der Wettlauf mit ihm. Ist der Mitspieler zuerst am Freimal, kann er sich »freischlagen«, indem er das Freimal berührt und laut seinen Namen ruft. Ist jedoch der Sucher zuerst dort angekommen, kann er den entdeckten Mitspieler »anschlagen«, indem er das Freimal berührt und dabei den Namen des Gefundenen ruft. Während das suchende Kind unterwegs ist, versuchen die versteckten Kinder, unentdeckt zum Freimal zu kommen und sich »freizuschlagen«.

Himmel und Hölle

Zuerst wird das Spielfeld mit Kreide aufgemalt. Den »Himmel« stellt das oberste Feld dar, die »Hölle« liegt darunter. Am besten beschriftet man die Kästchen oder malt sie farbig an.
Gehüpft wird von einem Feld zum nächsten, wobei man nicht auf einen Strich springen, versehentlich ein Feld auslassen oder in die »Hölle« treten darf. Im »Himmel« kann man sich kurz ausruhen, hier wird auch gewendet.
Beim ersten Durchgang hüpfen die Kinder mit beiden Beinen, beim zweiten mit gekreuzten Beinen, beim dritten auf einem Bein und zum Schluss mit geschlossenen Augen. Wer einen Fehler macht, also auf eine Linie tritt oder ein Feld auslässt, muss aussetzen, bis die nächste Runde gespielt wird.

Die Kästchen werden eins nach dem anderen übereinander gemalt. Links und rechts neben der Hölle gibt es ebenfalls ein Kästchen. Auf diese Kästchen wird mit gegrätschten Beinen gesprungen, so dass die »Hölle« unberührt dazwischen liegt.

Figuren reißen

Durch Abzählen wird ein Kind als Figurenreißer bestimmt. Es nimmt einen Mitspieler nach dem anderen an die Hand, dreht sich schnell im Kreis und lässt dann unvermittelt los. Das losgelassene Kind wird ein paar Schritte weggeschleudert und muss in der Stellung verharren, in der es zum Stillstand kommt. Sind alle Kinder als Figuren »gerissen« gibt der Figurenreißer Anweisungen, etwa: »Alle Figuren stehen jetzt auf einem Bein«. Die Figuren dürfen ihre ursprüngliche Position nicht verändern, außer dass sie das ausführen, was der Figurenreißer sagt. Wem dies nicht gelingt, der ist als Nächster als Figurenreißer an der Reihe.

Spiel für draußen

Kaiser, König, Edelmann …

Jeder Mitspieler bekommt einen Titel: Kaiser, König, Edelmann, Ritter, Kaufmann, Bürger, Bauer, Tagelöhner, Bettelmann. Nachdem die Titel per Abzählen verteilt sind, stellen sich die Kinder in einen großen Kreis. Jedes Kind malt einen kleinen Kreis von einem halben Meter Durchmesser auf den Boden und schreibt seinen Titel hinein.

Nun stellen sich alle Kinder in ihren Kreis, und der Kaiser wirft einem anderen Kind einen Ball zu. Es muss diesen fangen, ohne seinen Kreis zu verlassen. Verlässt es seinen Kreis, kann ein Rangniedrigerer schnell in den Kreis springen. Das so seines Titels beraubte Kind muss in dem frei gewordenen Feld Platz nehmen und selbst den Ball werfen.

So wechseln im Verlauf des Spiels die Rangstufen, bis der Kaiser entthront ist. Das Kind, das als erstes in diesen leeren Kreis gelangt ist, darf den Kaiserplatz behalten.

Reigen

Grün sind alle meine Kleider

Text und Melodie: volkstümlich

Mit solchen Kreisspielen werden Sprache, Rhythmusgefühl, Koordination und Ausdrucksfähigkeit geübt.

2. Blau, blau, blau sind alle meine Kleider.
Blau, blau, blau ist alles, was ich hab.
Darum lieb ich alles, was so blau ist,
weil mein Schatz ein Seefahrer ist.

3. Schwarz, schwarz, schwarz sind alle meine Kleider.
Schwarz, schwarz, schwarz ist alles, was ich hab.
Darum lieb ich alles, was so schwarz ist,
weil mein Schatz ein Schornsteinfeger ist.

4. Weiß, weiß, weiß sind alle meine Kleider.
Weiß, weiß, weiß ist alles, was ich hab.
Darum lieb ich alles, was so weiß ist,
weil mein Schatz ein Bäcker, Bäcker ist.

5. Bunt, bunt, bunt sind alle meine Kleider.
Bunt, bunt, bunt ist alles, was ich hab.
Darum lieb ich alles, was so bunt ist,
weil mein Schatz ein Maler, Maler ist.

Das Positive an solchen Kreisspielen ist auch, dass es keinen Sieger oder Verlierer gibt. Kinder können dabei nicht die Angst zu versagen entwickeln.

So wird gespielt: Die Kinder stehen im Kreis und treten nacheinander in die Kreismitte. Bei jedem Kind, das in der Kreismitte steht, wird eine Strophe gesungen, die zur Kleiderfarbe passt. Für jede Farbe wird ein anderer – typischer – Beruf ausgedacht.

Reigen

Wer will fleißige Handwerker sehn

Text und Melodie: volkstümlich

Ein Kind steht in der Mitte des Spielkreises und macht die Tätigkeiten pantomimisch vor. Der Spielkreis singt und macht die Bewegungen nach. Bald ergeben sich wie von selbst neue Arbeiten für die kleinen Handwerker.

2. Seht, wie fein, seht, wie fein
der Glaser setzt die Scheiben ein.

3. Strich strich strich, strich strich strich,
der Maler malt die Wände frisch.

4. Schrumm schrumm schrumm,
schrumm schrumm schrumm,
der Schlosser dreht den Schlüssel um.

5. Tief hinein, tief hinein,
der Schornstein wird bald sauber sein.

6. Zisch zisch zisch, zisch zisch zisch,
der Tischler hobelt glatt den Tisch.

7. Rühret fein, rühret fein,
der Bäcker rührt den Kuchen ein.

8. Poch poch poch, poch poch poch,
der Schuster flickt im Schuh das Loch.

9. Stich stich stich, stich stich stich,
der Schneider näht ein Kleid für mich.

10. Hopp hopp hopp, hopp hopp hopp,
alle tanzen im Galopp.

Dieser Reigen übt die Beweglichkeit der Hände. Außerdem wird auch die Phantasie der Kinder beansprucht. Man kann je nach Lust und Laune einfach noch ein paar Strophen hinzuerfinden, z.B.:

Klopf klopf klopf, klopf klopf klopf,
der Koch wirft frisches G'müs in 'n Topf.

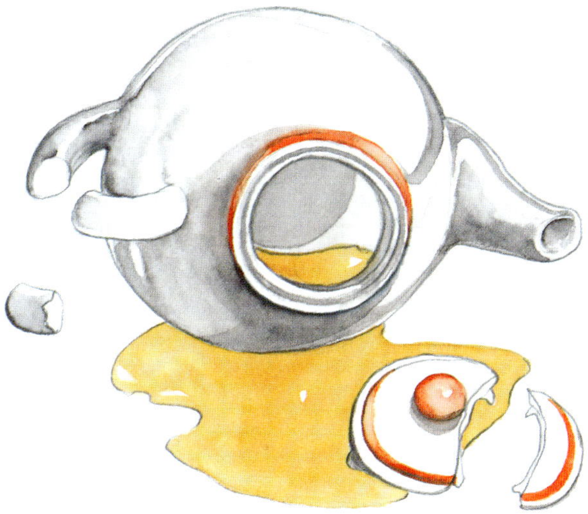

Wenn die lustige Stimmung dieses Reigens erst einmal alle Kinder angesteckt hat, ergeben sich wie von selbst neue »Arbeiten« für die kleinen Handwerker.

Reigen

Dornröschen

In der Mitte eines kleinen Kreises sitzt ein Mädchen, das durch Abzählen zum Dornröschen bestimmt wurde. Ein weiterer, größerer Kreis steht um den kleinen Kreis, und außerhalb dieses großen Kreises stehen Fee und Königssohn. Auch diese werden durch Auszählen bestimmt.

Text und Melodie: volkstümlich

Bei dieser Art von Reigenspielen bewegen sich die Kinder ohne Druck von außen ganz selbstverständlich, anmutig und harmonisch.

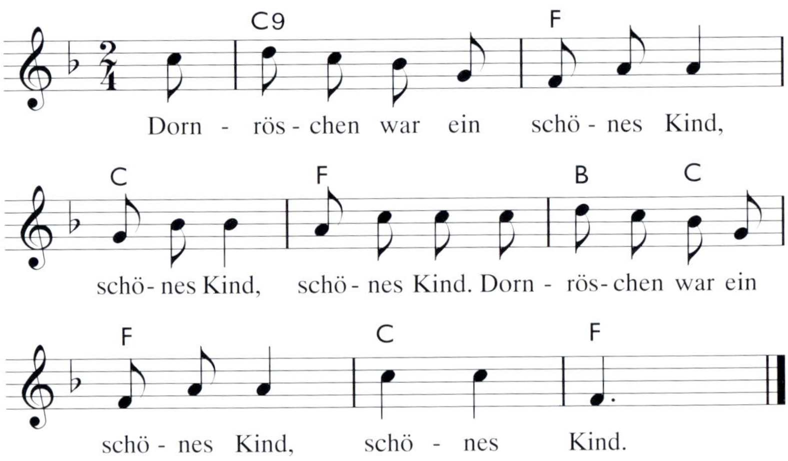

Bei der ersten Strophe halten sich alle Kinder an den Händen und laufen in entgegengesetzter Richtung im Kreis.

2. Dornröschen nimm dich ja in Acht, ja in Acht,
ja in Acht.
Dornröschen nimm dich ja in Acht, ja in Acht.

Jetzt erheben alle Kinder mahnend den Finger zu Dornröschen.

3. Da kam die böse Fee herein,
Fee herein, Fee herein.
Da kam die böse Fee herein
und sprach zu ihr.

Die böse Fee durchbricht beide Kreise und stellt sich zu Dornröschen.

4. Dornröschen, schlafe hundert Jahr',
hundert Jahr', hundert Jahr'.
Dornröschen, schlafe hundert Jahr',
und alle mit.

Die Fee breitet die Hände über Dornröschen und das Hofgesinde im kleinen Kreis. Alle sinken zu Boden und schlafen ein.

Märchen machen von jeher auf Kinder einen großen Eindruck, so dass die Kleinen diesen Reigen voller Hingabe aufführen werden.

5. Da wuchs die Hecke riesengroß,
riesengroß, riesengroß.
Da wuchs die Hecke riesengroß,
riesengroß.

Die Kinder des äußeren Kreises rücken näher, heben die Arme.

6. Da kam ein junger Königssohn,
Königssohn, Königssohn.
Da kam ein junger Königssohn
und sprach zu ihr.

Der Königssohn dringt zu Dornröschen vor.

7. Dornröschen, wache wieder auf,
wieder auf, wieder auf.
Dornröschen, wache wieder auf,
und alle mit.

Der Königssohn singt allein die siebte Strophe. Dornröschen und das Hofgesinde erwachen und stehen auf.

8. Sie feierten ein großes Fest,
großes Fest, großes Fest.
Sie feierten ein großes Fest,
das Hochzeitsfest.
Und ihr seid alle Hochzeitsgäst',
Hochzeitsgäst', Hochzeitsgäst'.
Und ihr seid alle Hochzeitsgäst',
Hochzeitsgäst'.

Der Königssohn und Dornröschen reihen sich in den Kreis des tanzenden Hofgesindes ein.

Reigen

Die goldne Brücke

Text und Melodie: volkstümlich

Das Spiel gehört zu den Reigen- und Tanzspielen, die schon im Mittelalter gespielt wurden. In Deutschland hat es sich bis etwa Mitte des 20. Jahrhunderts erhalten.

So wird gespielt: Zwei Kinder stehen einander gegenüber und bilden mit erhobenen Armen eine Brücke. Durch diese Brücke gehen die anderen Kinder, die eine Kette bilden, singend hindurch. An der Stelle »den letzten wolln wir fangen«, nehmen die »Brücken«-Kinder ihre Arme herunter und halten ein Kind darin fest. Sie fragen es: »Silber oder Gold?« Je nachdem, was es antwortet, muss es sich auf die eine oder die andere Seite der Brücke stellen. Die beiden »Brücken«-Kinder haben zuvor ausgemacht, wer von ihnen Silber und wer Gold bzw. Engel und Teufel darstellt. Wenn alle Kinder durchgezogen und aufgeteilt sind, wird ihnen gesagt, ob sie Engel oder Teufel sind. Dabei sagen die »Brücken«-Kinder folgenden Spruch:

»Engele werden getragen,
Teufele werden geschlagen.«

Die »Brücken«-Kinder nehmen die Engel auf ihre gefassten Arme und tragen sie ein Stückchen. Die Teufel werden zwischen den Armen kräftig hin und her geschleudert.

Spiel

Taler, Taler, du musst wandern

Text und Melodie: volkstümlich

Viele der Gruppenspiele sind auch ungemein spannend und fordern die ganze Aufmerksamkeit und Geschicklichkeit jedes Einzelnen.

So wird gespielt: Die Kinder stehen mit gefalteten Händen im Kreis. Ein Kind geht herum, an jedem Kind vorbei, und lässt dabei aus der gefalteten Hand einen kleinen Gegenstand (Ring oder Münze) in die Hand eines der Mitspieler fallen. Danach wird geraten wer den Gegenstand bekommen hat.

Gemeinsam spielen verbindet

Spiele in Gruppen sind meist solche, bei denen die Partner nach bestimmten Regeln miteinander wetteifern und sich um ein Ziel bemühen. Wer gewinnt, wird von den anderen bewundert, weil sie aus eigener Erfahrung wissen, wie schwierig dies ist. Und wer verliert, bleibt dennoch in der Gruppe, es ändert sich letztlich nichts. Auf der Basis dieser Kontinuität entstehen oft Freundschaften, die ein Leben lang halten.

Spiele für drinnen und draußen

Blinde Kuh

Früher war das Spiel auch als Blinde Katze oder Blindes Huhn bekannt, heute ist Blinde Kuh das klassische Suchspiel. Auf einem freien Platz oder in einem möglichst leeren Zimmer bestimmen die Mitspieler durch Abzählen die blinde Kuh. Ihr werden die Augen verbunden, und sie wird ein paar Mal im Kreis gedreht. Mit ausgestreckten Armen irrt sie dann umher und versucht, einen der Mitspieler, die sie necken, rufen und an den Kleidern ziehen, zu fassen und festzuhalten. Derjenige, den die blinde Kuh erwischt, muss ihre Rolle übernehmen. Ansonsten wird nach zwei bis drei Minuten eine neue blinde Kuh ausgezählt.

Fischer, welche Farbe wünscht du dir?

Durch Abzählen wird ein Kind zum Fischer bestimmt. Der Fischer stellt sich mit dem Gesicht zur Wand oder dreht sich weg und hält sich die Augen zu. In einigen Metern Entfernung stehen die anderen Kinder in einer Reihe – sie sind die Fische. Sie rufen: »Fischer, welche Farbe wünscht du dir?«
Der Fischer nennt eine Farbe, und jedes Kind, das ein Kleidungsstück in dieser Farbe anhat, geht einen Schritt in Richtung des Fischers vor. Zwischendurch darf sich der Fischer umdrehen und schauen, wie nah die Fische gekommen sind. Der erste Fisch, der ihn erreicht, löst den Fischer ab.

Ochs am Berg

Durch Variieren der Sprechgeschwindigkeit kann der Ochs allzu mutig vorrückende Mitspieler entdecken und wieder zurückschicken.

Der Ochs wird durch Abzählen bestimmt und stellt sich mit dem Gesicht zur Wand oder zu einem Baum. Etwa zehn Meter von ihm entfernt stehen die anderen Kinder in einer Reihe, hinter einem mit Kreide oder Steinen markierten Strich.
Das Gesicht in den Händen verborgen, ruft der Ochs laut: »Ochs am Berg!«, und dreht sich blitzschnell um. Während der Ochs ruft, müssen die anderen Kinder versuchen, so weit wie möglich in seine Richtung zu gehen. Entdeckt der Ochs ein Kind, das sich noch bewegt, muss es hinter die Linie zurück. Wer den Ochs zuerst erreicht, hat gewonnen.

Topfschlagen

Spiele für drinnen

Durch Auszählen wird ein Mitspieler bestimmt, der den Raum verlassen und warten muss, bis die anderen einen Gegenstand unter einem umgedrehten Topf versteckt haben. Nun verbindet man dem vor der Tür wartenden Mitspieler die Augen, er bekommt einen Kochlöffel in die Hand und wird ins Zimmer geführt. Vorsichtig mit dem Kochlöffel schlagend, tastet er sich auf allen vieren durchs Zimmer. Die Mitspieler versuchen, ihn mit Kommentaren abzulenken und in die Irre zu führen, und müssen vor seinem Löffelschlag ausweichen. Gespielt wird so lange, bis der Sucher den Topf gefunden hat und mit dem Kochlöffel darauf schlägt. Als Belohnung erhält er das, was sich unter dem Topf verbirgt.

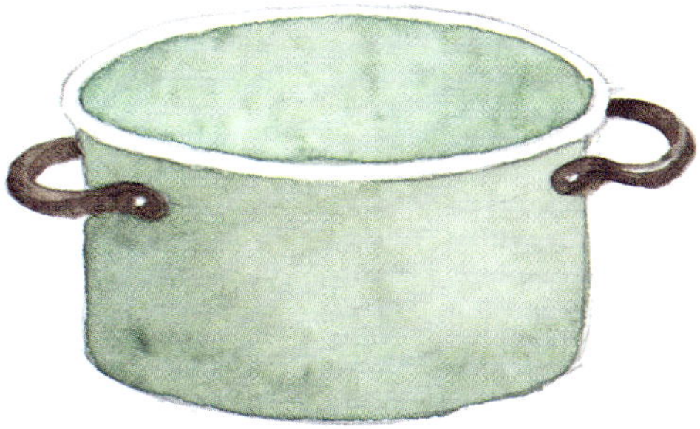

Alle Vögel fliegen hoch

Die Kinder versammeln sich um einen Tisch und legen ihre Hände flach auf die Tischplatte. Nun wird ein Kind als Ausrufer bestimmt. Es sagt laut: »Alle Vögel fliegen hoch!« und streckt die Hände in die Höhe. Die anderen Kinder strecken ebenfalls die Hände hoch. Nun ruft der Ausrufer erneut, etwa: »Alle Amseln fliegen hoch!« Oder: »Alle Mücken Fliegen hoch!« Aber auch: »Alle Ameisen fliegen hoch!« Oder: »Alle Elefanten fliegen hoch!« Und er streckt jedes Mal die Hände hoch. Die anderen Kinder dürfen jedoch die Hände nur dann hochstrecken, wenn etwas wirklich fliegen kann. Das Kind, das bei einem falschen Tier oder Gegenstand die Hände hochstreckt, muss ein Pfand geben. Am Schluss des Spiels werden die Pfänder durch Gedichtaufsagen oder Singen ausgelöst.

Mindestens acht Kinder sollten bei diesen Spielen mitmachen. Es wird ausgezählt, wer anfangen darf: Eichen, Buchen, Tannen, und du musst fangen.
Eichen, Tannen, Buchen, und du musst suchen.

MORGEN KINDER, WIRD'S WAS GEBEN ...

Die religiösen Feste in unserer Kultur sind immer wiederkehrende Rituale, die von Kindern meist sehnsüchtig erwartet werden. Dabei geht es nicht nur um die Geschenke, sondern um das harmonische Beisammensein, um die Verbundenheit. Das gemeinsame Erlebnis der Feierlichkeiten ist besonders eindrucksvoll und vermittelt das Gefühl der Geborgenheit in der Familie außerordentlich stark.

Rituale und Bräuche im Jahreslauf

Feste sind besondere, aus dem Alltag herausgehobene Tage. Sie gliedern das Jahr und lassen uns bestimmte Zeiten als etwas Außergewöhnliches und Bedeutsames erleben. Feste können uns Gefühle von Freude vermitteln und das Gemeinschaftsgefühl in der Familie oder in einer größeren Gruppe stärken. Gerade das gemeinsame Erleben gibt vor allem Kindern ein Gefühl der Geborgenheit und des Halts.

Besonders wichtig für Kinder ist dabei die Wiederholung der einzelnen Bräuche, die ihnen über die Jahre immer vertrauter werden. Dabei müssen es keine großen Inszenierungen, sondern nur kleine Rituale sein, die für das jeweilige Fest kennzeichnend sind.

Das Besondere an allen Festtagen sind Licht, Schmuck für die Wohnräume und den Tisch sowie besondere Speisen. Früher war es darüber hinaus stets selbstverständlich, an diesen Tagen festliche, frische Kleidung zu tragen, die nicht für die Arbeit gedacht war. Diese Riten sprechen alle Ebenen in uns an: die geistige, seelische und körperliche.

Zu den beliebtesten Ritualen gehört das Bleigießen. Dabei wird ein Stück Blei geschmolzen und dann in kaltem Wasser schnell gehärtet. Die meist bizarre Form hält man dann so vor eine Kerze, dass ein Schatten entsteht. Dieser vermittelt dann »Aufschlüsse« über das neue Jahr.

Um die Jahreswende

Silvester

Der Brauch, das neue Jahr mit Feuerwerk, Knallerei und Lärmen zu begrüßen, ist sehr alt. Ähnlich wie in der bald folgenden Faschingszeit sollten die Dämonen und bösen Geister des Winters vertrieben werden, damit Glück und Gesundheit aufs Neue einkehren konnten.

Kleinere Kinder verschlafen meist gerne den Zeitpunkt des Feuerwerks um Mitternacht, freuen sich jedoch über einen festlich gedeckten Neujahrstisch am nächsten Morgen und die gegenseitigen guten Wünsche zum neuen Jahr.

Reime

Neujahrswunsch

Glück und Segen
auf allen Wegen!

Frieden im Haus
jahrein, jahraus!

In gesunden und kranken Tagen
Kraft genug, Freud und Leid zu tragen!

Stets im Kasten ein Stücklein Brot,
das geb uns Gott!

Fürs neue Jahr

Ich wünsch dir so viel gute Zeit,
als Sand im breiten Meere leit.
Es soll dir so viel gut ergehn,
als Sternlein an dem Himmel stehn.
Es soll dich Gott so vielmal segnen,
als Tröpflein in sieben Jahren regnen.

Die Heiligen Drei Könige

Die Heiligen Drei Könige gelten besonders als Beschützer der Reisenden.

In manchen Gegenden ziehen Kinder am Vorabend des Dreikönigsfestes am 6. Januar auch als Sternsinger durch den Ort und von Haus zu Haus, um den Menschen für das kommende Jahr Glück und Segen zu wünschen. Oft kommen sie verkleidet in Gestalt der drei heiligen Könige Caspar, Melchior und Balthasar, die von dem Stern über Bethlehem aus dem Morgenland geführt wurden und dem Jesuskind als Geschenke Gold, Weihrauch und Myrrhe überbrachten.

Die Sternsinger sagen ein Gedicht auf oder singen ein Lied, das von der Suche nach dem und der Reise zum Christuskind handelt, malen mit Kreide als Zeichen ihres Segens die Buchstaben C+M+B (lat. »Christus mansionem benedicat« = Christus segne dieses Haus) sowie die aktuelle Jahreszahl auf die Haustüren und erhalten eine kleine Gabe von den Bewohnern.

Lied Es kommen sechs Propheten

Text und Melodie: volkstümlich

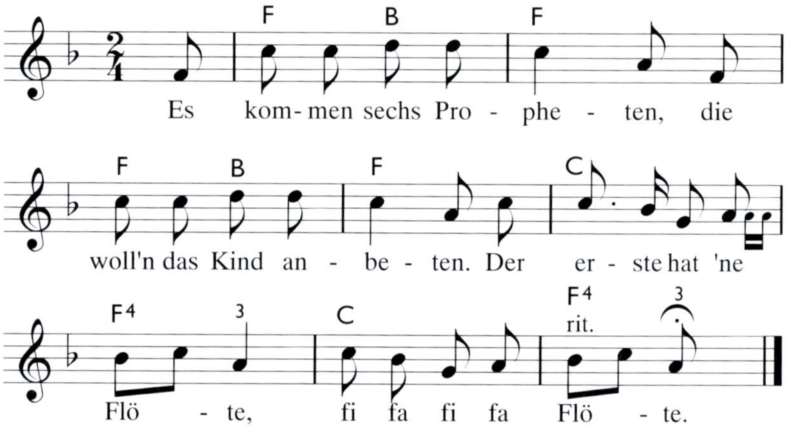

In katholischen Gegenden Süddeutschlands war es schon um die Jahrhundertwende Brauch, dass Kinder und Jugendliche als Sternsinger durch den Ort zogen, um vor den Häusern ihr Lied zu singen.

2. Da stehet vor uns ein hell leuchtender Stern;
er winkt uns gar freundlich, wir folgen ihm gern.

3. Er führt uns vorüber vorm Herodes sein Haus;
da schaut der falsche König beim Fenster heraus.

4. Er winkt uns so freundlich: »O, kommt doch herein,
ich will euch aufwarten mit Kuchen und Wein.«

5. Wir können nicht weilen, wir müssen gleich fort,
wir müssen uns eilen nach Bethlehems Ort.

6. Es ward uns durch Gott die Kunde zuteil,
dass ein Kind ward geboren, das der Welt bringt das Heil.

7. Wir kommen im Stall an, finden das Kind,
viel schöner und holder, als Engel es sind.

8. Wir knien uns nieder und beten es an,
o Herr, nimm die Gabe aus Dankbarkeit an:

9. Gold, Weihrauch und Myrrhen, das reichen wir dir,
führ uns du dann einstens in Himmel zu dir.

Die drei Könige

Reim

Wir kommen daher ohn' allen Spott,
ein' schön' guten Abend gebe euch Gott.
Wir grüßen dies Haus und wünschen euch allen
von Herzen das göttliche Wohlgefallen.

Gott möge uns allen Gesundheit verleihen,
dem Vieh und den Saaten gutes Gedeihen.
Christus möge im Hause wohnen,
für jede Wohltat euch reich belohnen.

Er segne das Haus und die da gehen ein und aus.
Die Liebe sei mächtig, der Herr soll euch führen,
das schreiben wir heut auf Schwellen und Türen.

Die Gabe vergelte der gütige Gott
mit langem Leben und gutem Tod.
Es schenke euch ein gesegnetes neues Jahr.
Das wünschen Caspar, Melchior und Balthasar.

Fasching

Der Ursprung des Faschings oder der Fastnacht, wie es in anderen Gegenden heißt, liegt in heidnischer Zeit. Mit wildem Tanz, Gesang und Furcht erregenden Masken vertrieb man den Winter und die bösen Geister dieser Zeit, die der erwachenden Natur hätten Schaden zufügen können. Später kam die christliche Tradition dazu, wonach die Fastnacht der letzte Abend vor der Fastenzeit bis Ostern ist, an dem noch einmal so richtig geschmaust werden kann. Mit der Zeit dehnten die Menschen das Fest auf die drei Tage vor dem Aschermittwoch aus – und dann auf eine ganze Woche zuvor. Heute beginnt der Fasching noch früher, und die Furcht vor bösen Geistern bestimmt kaum noch das närrische Treiben. Erhalten hat sich jedoch der Brauch des Verkleidens und Maskierens. Gerade Kinder lieben es sehr, sich zu verkleiden und zu schminken.

Das Wort »Fasching« kommt von »Fasten Schank«, und »Karneval« bedeutet: Fleisch, lebe wohl!

Bastelvorschlag

Einfache Papiermasken

Aus dem Tonpapier in Kopfgröße des Kindes eine ovale oder U-Form schneiden und Öffnungen für Augen, Mund und Nase einschneiden. An den Seiten und unten können kleine Einschnitte eingefügt werden, die überlappend zusammengeklebt werden. So erhält die Maske eine gewölbte Form. Außen kann die Maske nach Belieben mit Papierschnipseln, Stoffresten oder mit Wolle für einen Bart gestaltet werden. Anschließend befestigt man ein Hutgummi an beiden Seiten der Maske, so dass man sie über das Gesicht ziehen kann.

Faschingskostüme nach einfachen Schnitten, z. B. einen Kimono, kann man leicht selbst aus filzähnlichem Vlieseline-Stoff ausschneiden. Er franst nicht aus und kann mit einfachen Heftstichen schnell zusammengenäht werden.

Dekorieren, backen, verkleiden

Veranstaltet man zu Hause ein kleines Faschingsfest, schmückt man die Wohnung mit bunten Girlanden, Luftschlangen oder Dekorationen aus Krepppapier. Das Fest kann auch unter einem Thema stehen, z. B. »Märchen« oder »Tiere«, so dass sich die Kinder entsprechend verkleiden. Eine beliebte Leckerei zur Faschingszeit in Süddeutschland sind bei Kindern und Erwachsenen Krapfen. Das sind runde Gebäcke aus Hefeteig, die in Fett ausgebacken und mit Marmelade gefüllt werden.

Reim

Fastnacht

Begraben ist die Fasenacht,
nun wird dem Spaß ein End gemacht,
o weh!

Nun sind die Küchlein all verspeist,
die Musikanten abgereist,
ade!

Doch übers Jahr, da stehn sie auf,
zu einem neuen Erdenlauf,
nach Schnee!

Drum lasset uns getröstet sein,
und stimmet alle fröhlich ein:
Juchhe!

Aschermittwoch

Mit dem letzten Tag der Fastnacht beginnt nach der christlichen Tradition die vierzigtägige Fastenzeit, die mit dem Karfreitag endet. Für Gläubige bedeutet dies, dass sie in allen Bereichen Enthaltsamkeit und Mäßigung üben. Wer mag, kann mit seinen Kindern in dieser Zeit z. B. weniger Süßigkeiten essen oder ganz auf sie verzichten. Die Freude auf die Leckereien wie Schokoladenhasen und Ostereier, die der Osterhase danach bringt, ist umso größer – und der Stolz, »es geschafft zu haben«, versüßt das Vergnügen umso mehr.

Die Fastenzeit. soll uns auf das Osterfest vorbereiten, an dem die Auferstehung Jesu Christi gefeiert wird.

Ostern

Ostern ist ein Fest der Bewegung und ein Fest der Kinder. Mit ihnen feiern wir das Wiedererwachen der Natur und den Beginn neuen Lebens. Dafür steht beispielsweise auch das Symbol des Ostereis. Das Ei gilt in vielen Kulturen als heiliger Ursprung des Lebens.

Das Osterfest findet am Sonntag nach dem ersten Vollmond nach der Frühlings-Tagundnachtgleiche statt. Sein Name leitet sich von der römischen Göttin des Frühlings und der Fruchtbarkeit, Ostara, ab. In früherer Zeit wurde zu ihren Ehren der Beginn der erwachenden Jahreszeit gefeiert und um ein fruchtbares Jahr gebetet.

In der christlichen Tradition beginnt mit dem Palmsonntag, dem Anfang des Leidenswegs Christi, der am Kreuz starb, die Karwoche, die Woche vor Ostern. Größere Kinder kann man in dieser Zeit mit der Leidensgeschichte Jesu Christi, seinem Tod und seiner späteren Auferstehung vertraut machen.

Zu den volkstümlichen Osterbräuchen gehören die Osterfeuer sowie Gebäck und Brot in Form eines Osterlamms oder des Osterhasen.

Reim

Has, Has, Osterhas

Has, Has, Osterhas,
wir möchten nicht mehr warten!
Der Krokus und das Tausendschön,
Vergissmeinnicht und Tulpe stehn
schon lang in unserm Garten.
Has, Has, Osterhas,
mit deinen bunten Eiern!

Verstecken Sie die bunten Eier einzeln im Garten, im Park oder in einem Nestchen, das die Kinder vorher aus Weidenzweigen selbst gebastelt haben.

Der Star lugt aus dem Kasten raus,
Palmkätzchen sitzen um sein Haus,
wann kommst du Frühling feiern?
Has, Has, Osterhas,
ich wünsche mir das Beste.
Ein großes Ei, ein großes Ei
und ein lustiges Dideldumdei,
alles in einem Neste.

Selbst ältere Kinder, die nicht mehr an Osterhasen glauben, haben großen Spaß daran, Nester oder Eier zu suchen.

Bastelvorschläge

Osternest mit Ostergras

Etwa drei Wochen vor Ostern gibt man in eine flache Tonschale etwas Blumenerde, sät Weizen- oder Haferkörner ein, drückt sie leicht an und hält sie in der folgenden Zeit gut feucht. Damit die Saat schneller aufgeht, kann man sie vor dem Aussäen einen Tag ins Wasser legen und anschließend in die vorbereitete Schale geben. Die Kinder können dann zuschauen, wie ihr Nest wächst, und sich an Ostern über das freuen, was der Osterhase hineingelegt hat.

Das Hasengärtchen

In einigen Gegenden ist es üblich, dass am Karfreitag ein Hasengärtchen hergerichtet wird. Aus dem Wald wird etwas Moos geholt, in ein Stück Rinde gelegt und mit Blumen geschmückt. Dorthinein kommen die Ostereier.

Osterhäslein

Reim

Drunten an der Gartenmauern
hab ich 'sehn das Häslein lauern.
Eins, zwei, drei –
legt's ein Ei,
lang wird's nimmer dauern.
Kinder, lasst uns niederducken!
Seht ihr's ängstlich um sich gucken?
Ei da hüpft's,
hei, da schlüpft's
durch die Mauerlücken.
Und nun sucht in allen Ecken,
wo die schönen Eier stecken.
Rot und blau,
grün und grau
und mit Marmorflecken!

Farbige Ostereier

Schon vor 5000 Jahren sollen die Chinesen zum Frühlingsanfang bunte Eier verschenkt haben. Die alten Ägypter und Germanen haben Eier als Fruchtbarkeitssymbol verehrt. Bei uns gibt es den Brauch der gefärbten Ostereier seit dem 13. Jahrhundert. Einst waren die Eier nur rot gefärbt, da man glaubte, dass Rot Hexen und böse Geister vertreibe. In der christlichen Tradition ist das bunte Osterei ein Symbol der Auferstehung.
Nach dem Besuch bei ihren Großeltern und Paten und dem Suchen der Ostereier waren die Kinder im Besitz vieler bunter Ostereier. Vor allem am Ostersonntag stellten diese das schönste Spielzeug dar. Erst wenn die Eier durch die Spiele angeschlagen waren, aßen die Kinder sie auf.

Um Eier mit Naturfarben zu färben, werden sie im Wasser mit einem Schuss Essig und Kräutern, Gewürzen, Früchten oder Beeren gekocht.

Eierdotzen

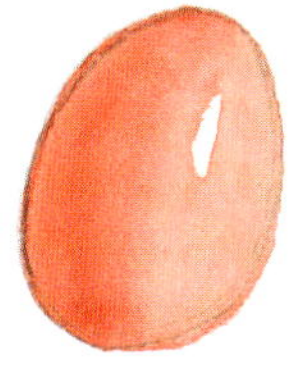

Zwei Spieler stehen sich gegenüber (jeder hält ein Osterei in der Hand) und stoßen die spitzen oder stumpfen Enden der Eier (das wird vorher abgesprochen) aneinander. Das Kind, dessen Ei dabei heil bleibt, bekommt das eingedrückte des anderen.

Spiel

Eierwerfen

Auf einer Wiese oder einer sandigen Spielfläche wird ein Kreis von etwa ein Meter Durchmesser markiert. Die Abwurflinie ist etwa 10 bis 15 Meter davon entfernt. Jedes Kind versucht, von dieser Linie aus, ein Ei in den Kreis zu rollen. Dies sollte so vorsichtig geschehen, dass das Ei ganz bleibt. Wer mit seinem Ei unbeschadet in den Kreis trifft, bekommt als Preis alle außerhalb des Kreises liegenden Eier. Auch das eigene Ei darf zurückgenommen werden.

Fingerspiele

Der Osterhase ist in Deutschland erst seit etwa 200 Jahren bekannt. Woher er überhaupt kommt und weshalb er die Ostereier legt und versteckt, weiß keiner so recht.

Schaut, was sitzt denn dort im Gras?

Schaut, was sitzt denn dort im Gras?
Ei der Daus, der Has, der Has!
Guckt mit seinem langen Ohr
aus dem grünen Nest hervor,
hüpft mit seinem schnellen Bein
über Stock und über Stein.
Kommt, ihr Kinderlein, und schaut,
wie das Nest er hat gebaut!
Ei wie schön von Gras und Heu
und wie lind von Moos und Spreu!
Lasst mal schaun, was in dem Nest
liegt so kugelrund und fest:
Eier, blau und grün und scheckig,
Eier, rot und gelb und fleckig.
Häslein in dem grünen Wald,
bin dir gut und dank dir halt.
Häslein mit dem langen Ohr,
dank dir tausendmal davor.

Für das Osternest legt man die Hände aneinander und die Daumen als Eier hinein.

Noch ein Verschen vom Osterhasen! Er hüpft dabei aber nur zu Anfang über den Tisch, danach werden die Finger vorgezeigt wie bei »Das ist der Daumen« (siehe Seite 51).

Reim

Fünf Männlein sind in den Wald gegangen

Fünf Männlein sind in den Wald gegangen,
die wollten den Osterhasen fangen.
Der Erste, der war so dick wie ein Fass,
der brummte immer: »Wo ist der Has?«
Der Zweite rief: »Sieh da, sieh da!
Da ist er ja, da ist er ja!«
Der Dritte war der allerlängste,
doch leider auch der allerbängste,
der fing gleich an zu weinen:
»Ich sehe keinen! Ich sehe keinen!«
Der Vierte sagte: »Das ist mir zu dumm,
ich mach nicht mehr mit, ich kehr wieder um!«
Der Kleinste aber, der hat's gemacht,
der hat den Hasen nach Hause gebracht!
Da haben alle Leute gelacht,
ha, ha, ha, ha, ha!

Sankt Martin

Der 11. November ist der Tag des Heiligen Martin. An diesem Tag vor 1600 Jahren wurde er beerdigt. Der Legende nach teilte er an einem kalten Wintertag seinen Mantel mit einem Bettler, der in Wirklichkeit Gott und auf die Erde gekommen war, um das Mitgefühl der Menschen zu prüfen.

Der Martinstag

Im bäuerlichen Jahreslauf war Martini ein wichtiger Tag, die Arbeiten auf den Feldern und im Garten waren abgeschlossen, die Knechte und Mägde bekamen Ihren Lohn. Es begann die Zeit der langen, dunklen Abende, an denen die Familie am warmen Ofen in der Stube zusammenkam.

Lied

Sankt Martin ritt durch Schnee und Wind

Text und Melodie: volkstümlich

Der Legende nach erschien dem heidnischen Römer Martin in der Nacht nach der Begegnung mit dem armen Mann Jesus Christus und gab sich als der Bettler zu erkennen. Daraufhin ließ Martin sich taufen.

2. Im Schnee saß da ein armer Mann,
Hat Kleider nicht, hat Lumpen an.
»O helft mir doch in meiner Not,
Sonst ist der bittre Frost mein Tod!«

3. Sankt Martin zieht die Zügel an,
Das Ross steht still beim armen Mann.
Sankt Martin mit dem Schwerte teilt
Den warmen Mantel unverweilt.

4. Sankt Martin gibt den halben still,
Der Bettler rasch ihm danken will.
Sankt Martin aber ritt in Eil
Hinweg mit seinem Mantelteil.

Ein Festtagsschmaus

Am Martinstag wurde das Ende des Wirtschaftsjahres mit einem Festschmaus gefeiert, und es war auch meist der erste Schlachttag vor dem Winter, an dem es auch den Gänsen an den Kragen ging. Schmackhaft zubereitet kamen sie, vor allem in großbäuerlichen Familien, an diesem Tag auf den Tisch.

Martinsgans

Reim

Nach Gras wir wollen gehn,
Die Vögel singen schön,
Der Gutzgauch frei,
Sein Melodei
Hallt über Berg und Tal,
Die Mühle klapp't zumal;
Der Müller auf der Obermühl,
Der hat der fetten Gänse viel,
Die Gans hat einen Kragen,
Die wolln wir mit uns tragen.
Der beste Vogel, den ich weiß,
Das ist die fette Gans,
Sie hat zwei breite Füße,
Dazu den langen Hals
Und noch ihr Stimmlein süße;
Ihr' Füß sein gel, Ihr' Stimm ist hell,
Der Hals ist lang
Wie ihr Gesang:
Gickgack, gickgack, gickgack, gickgack, gickgack,
Wir singen am St.-Martinstag.

(Des Knaben Wunderhorn)

Martinszüge

In vielen Gegenden ziehen die Kinder am Abend des 11. November mit selbst gebastelten Laternen singend durch die dunklen Straßen. Mancherorts wird der Zug angeführt durch einen Reiter, der den Sankt Martin darstellt. Die Häuser, an denen der Zug vorbeiführt, sind festlich mit Tüchern und Fahnen geschmückt. Früher erhielten die Sänger an vielen Türen eine kleine Gabe als Erinnerung an die gute Tat des heiligen Martin. Heute begehen auch viele Kindergartengruppen das Martinsfest und feiern nach einem Spaziergang mit den Laternen noch ein wenig an einem Platz, an dem die Eltern heißen Früchtepunsch und Martinsgebäck bereithalten und die Kinder dieses »Martinsbrot« miteinander teilen.

Bei den Laternenumzügen spielt das Licht eine wesentliche Rolle. Es steht für das Licht im Herzen, für Wärme und Geborgenheit in dieser dunklen Jahreszeit.

Lieder

Ich geh mit meiner Laterne

Text und Melodie: volkstümlich

Der gemeinsame Laternenumzug ist Höhepunkt und Abschluss der Feierlichkeiten zu Ehren des heiligen Martin. In diesem Lied werden die laternetragenden Kinder in den Mittelpunkt gestellt – ebenso der Trost, der von einem kleinen Licht ausgehen kann.

2. Ich geh mit meiner Laterne
und meine Laterne mit mir.
Dort oben leuchten die Sterne,
hier unten leuchten wir.
Verlösch nur nicht,
mein liebes Licht.
Labimmel, labammel, labum.

3. Ich geh mit meiner Laterne
und meine Laterne mit mir.
Dort oben leuchten die Sterne,
hier unten leuchten wir.
Mein Licht ist aus,
wir geh'n nach Haus.
Labimmel, labammel, labum.

Sankt Martin

Text und Melodie: volkstümlich

Dieses Lied ist wohl am weitesten verbreitet und aufgrund seiner Dramatik und Bildhaftigkeit bei Kindern ausgesprochen beliebt.

Advent

Im Gegensatz zum weltlichen Jahr, das am 1. Januar beginnt, fängt das Kirchenjahr mit der Adventszeit an.

Die Adventszeit umfasst die vier Wochen vor Weihnachten. Jetzt bereiten wir uns mit den Kindern auf das Fest der Geburt des Christuskindes vor. Das Wort »Advent« kommt vom lateinischen »adventus«, das Ankunft bedeutet. Im religiösen Sinn ist die Adventszeit die »geschlossene Zeit« im Jahr, in der sich die Menschen durch Buße, Beten und Fasten auf ein bevorstehendes großes Fest einstellen. Die Vorbereitung auf die Ankunft Christi ist traditionell eine Phase der Besinnung.

Der alte Brauch, an jedem Adventssonntag auf einem Kranz von immergrünen Zweigen eine weitere Kerze anzuzünden, symbolisiert das Werdende, das am Heiligen Abend im Glanz des geschmückten Weihnachtsbaumes seinen festlichen Höhepunkt findet.

Hinzu kommt das Tröstliche eines Lichtleins in einer Zeit, in der Dunkelheit und Kälte immer mehr zuzunehmen scheinen.

Reime

Advent, Advent

Advent, Advent,
ein Lichtlein brennt,
erst eins, dann zwei,
dann drei, dann vier,
dann steht das Christkind vor der Tür.

Adventslicht

Ich bin das Lichtlein, das erwacht
In der dunklen Winternacht.
Die Menschen gingen so gebückt,
Doch als das Lichtlein sie erblickt,
Da wussten sie, es kommt die Zeit,
Da werden alle Herzen weit,
Und alle Augen werden hell,
Und alle Füße laufen schnell,
Denn mitten aus dem Winterleid,
Ersteht die liebe Weihnachtszeit.

Krippe

Bastelvorschlag

Mit größeren Kindern kann man mit einfachen Mitteln eine kleine Krippe sowie Krippenfiguren aus Holz, Ton, Knetwachs oder anderen Materialien gestalten. In die Krippe wird etwas Stroh gelegt, das Drumherum kann mit Rinden, Steinen, Zweigen, Moos und Wurzeln gestaltet werden.

Wenn Kastanien noch ganz frisch sind, können sie geschält und zu Gesichtern geschnitzt werden. Für die Schäfchen in der Krippe braucht man noch etwas Watte – und für die Kleidung der Hirten Fellreste.

Das Kind im Stalle

Reim

Sie zogen von Jerusalem
zum kleinen Städtchen Betlehem.

Man nahm sie auf in keinem Haus;
sie mussten zu dem Stall hinaus.

Der Stall stand offen und ohne Tür,
war löchervoll, kein Fenster für.

Der Wind und Schnee schlug' überall;
der Schnee bedeckt' den ganzen Stall.

Ein bisschen Stroh, ein hartes Brett,
die Krippe war sein Kinderbett.

Das Kind so kalt, erbärmlich arm,
ein Ochs und ein Esel hauchten's warm.

O, Christ, tu auf das Herze dein,
schließ ein und wärm das Kindelein.

Geschenke

Das gegenseitige Beschenken ist ein wichtiger Bestandteil des Weihnachtsfestes, wobei es vor allem darauf ankommt, dass ein Geschenk mit Liebe gebastelt oder ausgewählt wurde – es muss nicht teuer sein. Für den festlichen Schmuck der Wohnung und des Tannenbaumes werden Fensterbilder und Sterne aus Ton- und Transparentpapier ausgeschnitten oder Strohsterne gebastelt.
Auch kleinere Kinder können schon kleine Geschenke, beispielsweise für die Großeltern, selbst basteln. Dazu kann man kleine Spandöschen anmalen oder bekleben. Aus Kerzenresten, die man in alten Blechdosen erhitzt, lassen sich in verschiedenen Formen neue Kerzen gießen (Kerzendochte sind im Bastelgeschäft erhältlich).

Der Adventskalender

Ein etwas anderer Adventskalender: 24 kleine Papprollen mit Watterauschebart und roter Papiermütze als Nikoläuse verkleiden, auf ein Tablett stellen und 23 kleine und eine große Überraschung drunterstecken.

Ein geliebtes Ritual der Adventszeit ist das morgendliche Öffnen eines Türchens oder Säckchens des Adventskalenders. Er gilt der freudigen Hinführung auf das Weihnachtsfest am Abend des 24. Dezember. Die Kalender gibt es in den verschiedensten Formen: als Bildkalender, der jeden Tag auf dem Weg zum Heiligen Abend ein weihnachtliches Motiv zeigt; als Kalender, hinter dessen Türchen sich täglich ein kleines Stückchen Schokolade verbirgt; oder als selbst gestalteter Kalender mit kleinen Überraschungen in Form von feinen Süßigkeiten, Abziehbildern, nützlichen Kleinigkeiten wie z. B. einem schönen Buntstift oder einer Haarspange.
Ein schöner Einschlafreim, den man während der Adventszeit aufsagen kann, ist der folgende:

Eiapopeia

Reim

Eiapopeia,
wie früh wird es Nacht.
Eiapopaeia,
ein Engelein wacht.

Es fliegt jetzt auf Wölkchen
her zu der Stadt,
in silbernem Kleidchen
mit goldnem Brokat.

Es spitzt durch die Fenster
ins Häuschen hinein.
Wer wollt da, o, Bübchen,
nicht ordentlich sein?

So sucht es die bravsten
der Kinderlein aus.
Dann fliegt es in Eile
gar hurtig nach Haus.

Und sagt gleich im Himmel
droben recht fein,
wo das Christkindlein hin soll.
Nur da kehrt es ein.

In der Weihnachtsbackstube

Eine andere, wichtige Vorbereitung auf das Weihnachtsfest ist das gemeinsame Plätzchenbacken. Einfache Ausstechplätzchen aus Mürbeteig eignen sich für das Backen mit Kindern am besten. Es gibt verschiedene Förmchen aus Weißblech, mit denen der ausgerollte Teig einfach nur ausgestochen wird. Am besten schmecken die Plätzchen frisch, sobald sie ausgekühlt sind, denn die Kinder können sich selten bis Weihnachten gedulden. Aber einige Sorten sollten unbedingt als etwas Besonderes aufbewahrt werden.

Heißer Apfelpunsch: ½ Liter Apfelsaft, Saft einer Zitrone und 1 Liter Früchtetee mischen und mit Honig süßen!

Reim

Planen Sie das Geschenkekaufen doch einmal so, dass es auf einmal erledigt werden kann. Und setzen Sie sich in der gesparten Zeit mit den Kindern zu Basteleien, zum Musikhören oder gemeinsamen Singen zusammen.

Die Mutter bäckt zur Weihnachtszeit

Nun kommt heran die Weihnachtszeit,
Wie – Wa – Weihnachtszeit,
Die alle Kinder hocherfreut –
Liebe Mutter, backe!

Lebkuchen ess ich gar zu gern,
Ki – Ka – Kuchen gern,
Und ich die braunen Zimmetstern',
Zi – Za- Zimmetstern'.
Weihnachtszeit – hocherfreut – Kuchen gern –
Zimmetstern' –
Liebe Mutter, backe!

Ich mag am liebsten Marzipan,
Mi – Ma – Marzipan.
Gib Acht auf deinen hohlen Zahn!
Hih – hah – hohlen Zahn!
Weihnachtszeit – hocherfreut – Kuchen gern –
Zimmetstern' – Marzipan – hohlen Zahn –
Liebe Mutter, backe.

Die Pfeffernüsse lieb ich sehr,
Ni – Na – Nüsse sehr,
Makronenplätzchen noch viel mehr.
Weihnachtszeit – hocherfreut – Kuchen gern –
Zimmetstern' – Marzipan – hohlen Zahn –
Nüsse sehr – Plätzchen mehr –
Liebe Mutter, backe!

Was klappert in der Küche laut?
Ki – Ka – Küche laut?
Die Mutter backt schon. Kinder, schaut!
Hi – ha – heißa, schaut!
Weihnachtszeit – hocherfreut – Kuchen gern –
Zimmetstern' – Marzipan – hohlen Zahn …

Nikolaus

Am 6. Dezember gibt es für die Kinder einen weiteren kleinen Höhepunkt der Vorweihnachtszeit: Sankt Nikolaus. Der heilige Nikolaus, so geht der Brauch, kommt mit seinem Gesellen, dem Knecht Ruprecht, aus dem Wald, um den Kindern kleine Geschenke, Nüsse, Mandarinen, Äpfel und Süßigkeiten zu bringen.

Früchtenikolaus

Bastelvorschlag

Eine nette Bastelei in der Vorweihnachtszeit ist der Nikolaus aus einem Apfel und einer Nuss.
Auf einen schönen großen Apfel steckt man mit Hilfe eines Streichholzes eine große Nuss als Nikolauskopf. Mit etwas Watte formt man dann einen langen Bart und klebt diesen an der Nuss fest. Augen, Nase und Mund malt man mit einem Buntstift auf den Kopf. Als Kopfbedeckung formt man aus Goldpapier oder festem rotem Papier eine spitze Tüte und setzt sie dem Nikolaus auf. Wer will, der kann noch aus Papier eine Halskrause falten. Und schon hat man eine weihnachtliche Tischdekoration.

Der heilige Nikolaus ist u. a. der Schutzpatron der Bäcker, Apotheker und vor allem der Kinder und SchülerInnen. Seit dem Mittelalter wird der 6. Dezember als sein Festtag gefeiert.

Die Kinder stellen am Vorabend die fein geputzten Schuhe oder einen Teller vor die Tür, in der Hoffnung, dass Nikolaus diese Gegenstände mit guten Gaben füllt. Vielleicht legen sie auch etwas Heu oder eine Mohrrübe für den Esel, der für den Nikolaus den schweren Sack trägt, daneben.
Ein schönes Gedicht, das sicherlich vielen Erwachsenen noch aus eigenen Kindertagen bekannt ist und das sich in der Adventszeit gut zum Vorlesen eignet, ist das folgende:

Reim

Auch wenn er noch so schrecklich aussieht, mit seinen Ketten rasselt und die Rute dabeihat – Knecht Ruprecht tut niemandem etwas zuleide, dafür sorgen schon der Nikolaus und das Christkind.

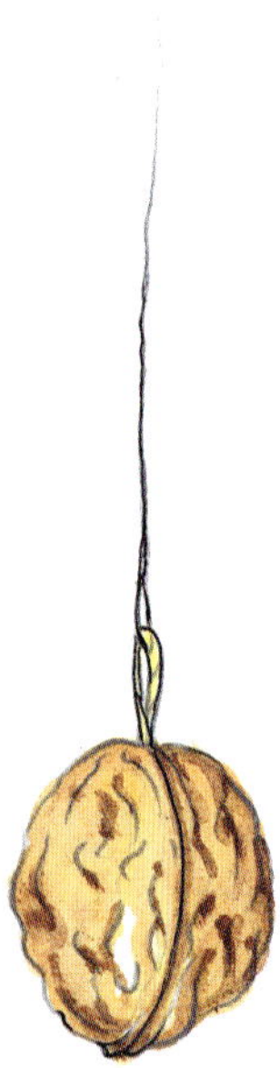

Knecht Ruprecht

Von drauß' vom Walde komm ich her;
ich muss euch sagen, es weihnachtet sehr!
Allüberall auf den Tannenspitzen
sah ich goldene Lichtlein sitzen;
und droben auf dem Himmelstor
sah mit großen Augen das Christkind hervor,
und wie ich so strolcht' durch den finstren Tann,
da rief's mich mit heller Stimme an:
»Knecht Ruprecht«, rief es, »alter Gesell,
hebe die Beine und spute dich schnell!
Die Kerzen fangen zu brennen an,
das Himmelstor ist aufgetan,
Alt' und Junge sollen nun
von der Jagd des Lebens einmal ruhn;
und morgen flieg ich hinab zur Erden,
denn es soll wieder Weihnachten werden!«
Ich sprach: »O lieber Herre Christ,
meine Reise fast zu Ende ist;
ich soll nur noch in diese Stadt,
wo's eitel gute Kinder hat.«
– »Hast denn das Säcklein auch bei dir?«
Ich sprach: »Das Säcklein, das ist hier:
Denn Äpfel, Nuss und Mandelkern
essen fromme Kinder gern.«
– »Hast denn die Rute auch bei dir?«
Ich sprach: »Die Rute, die ist hier:
Doch für die Kinder nur, die schlechten,
die trifft sie auf den Teil, den rechten.«
Christkindlein sprach: »So ist es recht;
so geh mit Gott, mein treuer Knecht!«
Von drauß' vom Walde komm ich her;
ich muss euch sagen, es weihnachtet sehr!
Nun sprecht, wie ich's hier innen find!
Sind's gute Kind', sind's böse Kind'?

(Theodor Storm)

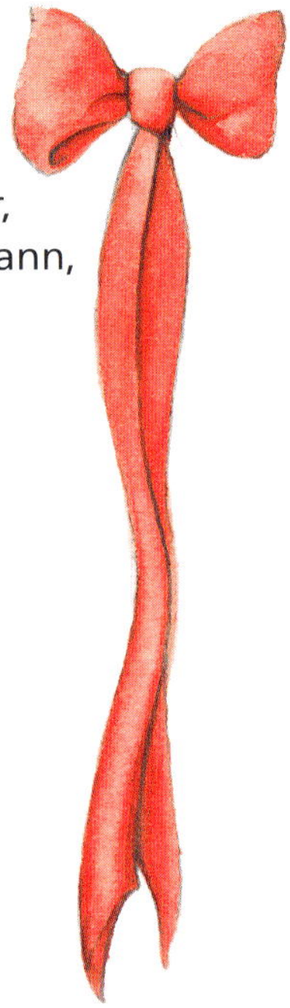

Lasst uns froh und munter sein

Text und Melodie: volkstümlich

Lied

Auf keinen Fall sollte man vergessen, spätestens am Abend des 6. Dezember Schuh, Stiefel oder Teller vor die Türe zu stellen.

2. Dann stell ich den Teller auf.
Niklaus legt gewiss was drauf.
Lustig, lustig, traleralera!
Bald ist Nikolausabend da …

3. Wenn ich aufgestanden bin,
lauf ich schnell zum Teller hin.
Lustig, lustig, traleralera!
Bald ist Nikolausabend da …

4. Wenn ich schlaf, dann träume ich:
Jetzt bringt Niklaus was für mich.
Lustig, lustig, traleralera!
Bald ist Nikolausabend da …

5. Niklaus ist ein guter Mann,
dem man nicht genug danken kann.
Lustig, lustig, traleralera!
Bald ist Nikolausabend da …

Lied

Knecht Ruprecht

Text und Melodie: volkstümlich

Bei sehr sensiblen, phantasievollen Kindern sollten sich die Eltern überlegen, ob sie auf den doch recht furchteinflößenden Knecht Ruprecht nicht besser verzichten.

2. Lieber guter Nikolaus,
komm in meines Vaters Haus!
Leg mir schöne Sachen ein,
ich will ein braves Kindlein sein.

3. Lieber, guter Weihnachtsmann ,
sieh mich nicht so böse an!
Stecke deine Rute ein,
so will ich auch recht artig sein.

In manchen Familien erscheint der Nikolaus sogar höchstpersönlich, denn er möchte selbst ganz genau hören, ob die Kinder auch artig waren.
Wer sich nicht fürchtet und vielleicht sogar einen kleinen Vers aufsagen kann, den er für den Nikolaus auswendig gelernt hat, bekommt sicherlich etwas aus dem großen Geschenkesack überreicht:

Reime

Lieber, guter Nikolaus

Lieber, guter Nikolaus,
bring den kleinen Kindern was.
Die großen lässt du laufen,
die können sich was kaufen.
Lieber, lieber Nikolaus, zart,
hab schon lange auf dich gewart'.
Will auf Vater und Mutter hören,
musst mir nur was Gutes bescheren.

Nikolaus

Heute kommt der Nikolaus,
der besucht ein jedes Haus,
schaut in allen Stuben
nach den bösen Buben;
steckt sie in den großen Sack
und verschwindet mit dem Pack.

Aber für die Guten
gibt es keine Ruten!
Rote Äpfel, Zuckerstern',
goldne Nüss' und Mandelkern'
legt er vor die Türen hin –
und das freut die Kinder drin!

Für die legendäre Gestalt des Nikolaus sind zwei historische Persönlichkeiten Vorbild: Nikolaus von Myra und Nikolaus von Sion.

Lied

Wenn die Kerzen am Christbaum brennen, die Kugeln glitzern und funkeln, wenn festliche Musik ertönt, dann war das Christkind da und hat die Geschenke gebracht.

Morgen, Kinder wird's was geben

Text und Melodie: volkstümlich

2. Wie wird dann die Stube glänzen
von der großen Lichterzahl!
Schöner als bei frohen Tänzen
ein geputzter Kronensaal.
Wisst ihr noch, wie vor'ges Jahr
es am Heiligen Abend war?

3. Wisst ihr noch mein Räderpferdchen,
Malchens nette Schäferin,
Jettchens Küche mit dem Herdchen
und dem blank geputzten Zinn?
Heinrichs bunten Harlekin
mit der gelben Violin?

4. Welch ein schöner Tag ist morgen!
Neue Freude hoffen wir.
Unsre guten Eltern sorgen
lange, lange schon dafür.
O gewiss, wer sie nicht ehrt,
ist der ganzen Lust nicht wert!

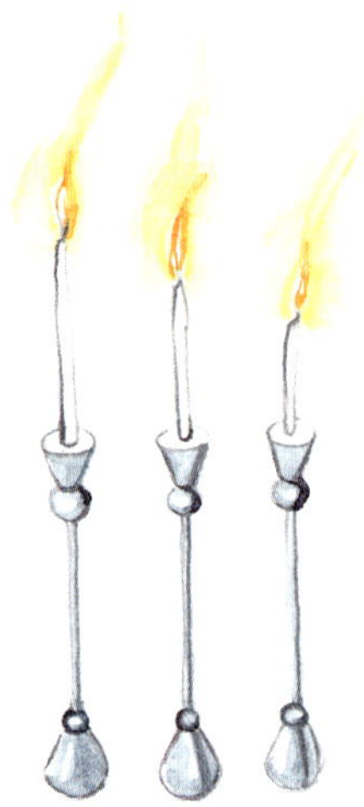

Weihnachten

Das Weihnachtsfest, mit Freude und Spannung erwartet, wird von jeder Familie ein wenig anders begangen. Schön ist es, wenn das Fest alle Jahre wieder nach demselben Ritual gestaltet wird.

Auch wenn es im heutigen Trubel um Geschenke und Festessen häufig untergeht: In der Christnacht wurde vor etwa 2000 Jahren Jesus Christus geboren. Der Heilige Abend ist vielleicht eine gute Gelegenheit, darüber zu sprechen, welche Bedeutung das eigentlich für jeden in der Familie hat.

Der Christbaum

Den etwas größeren Kindern gefällt es meist sehr, wenn man sie mitnimmt, den Baum zu besorgen. Am schönsten ist es, wenn man die Gelegenheit hat, direkt bei einem Förster im Wald einen zu bekommen. Es finden sich jedoch in der Zeit vor Weihnachten überall Stände mit Weihnachtsbäumen, wo sich die Familie einen Baum aussuchen kann.

Das Schmücken des Baumes geschieht entweder hinter verschlossener Tür als Überraschung für die (kleinen) Kinder oder aber gemeinsam mit den älteren Kindern. Vor der Bescherung geht der Vater oder die Mutter mit den Kindern vielleicht spazieren, zu Hause zieht man sich dann fein an und besucht eventuell einen Weihnachtsgottesdienst. Vor der Bescherung und dem gemeinsamen Abendessen ist dann für Weihnachtslieder oder gemeinsames Musizieren die Zeit gekommen. Der Ablauf spielt dabei nicht die entscheidende Rolle. Wichtig ist allein, ob es uns gelingt, etwas von der Ruhe und Feierlichkeit der Nacht zu spüren und den Kindern zu vermitteln. Dabei ist es auch sinnvoll, die Vorbereitungen und Zurichtungen zum Weihnachtsfest einen Tag vorher abgeschlossen zu haben. Am Weihnachtstag selbst können dann alle ein wenig innehalten, um auf einen besinnlichen, heiteren Abend zuzusteuern.

Lied

Alle Jahre wieder

Text: Wilhelm Hey;
Melodie: Friedrich Silcher

Gerade für Kinder ist die Vorstellung tröstlich, dass es jemanden gibt, der auf sie aufpasst, sie vor Unheil bewahrt und alle Missetaten verzeiht.

2. Kehrt mit seinem Segen
ein in jedes Haus,
geht auf allen Wegen
mit uns ein und aus.

3. Ist auch mir zur Seite,
still und unerkannt,
dass es treu mich leite
an der lieben Hand.

Über die Autorin

Andrea-Anna Cavelius ist freie Journalistin und Autorin. Die studierte Philosophin und Historikerin ist Mutter eines Sohnes und leidenschaftliche Hobbyvolkskundlerin. In ihren Büchern setzt sie sich vor allem mit den Themen »Kinder«, »Wellness« und »Psychologie« auseinander.

Literatur

Biebricher, Helga/Brauer, Sybille: 10 kleine Zappelfinger. Pattloch Verlag. Augsburg 1992

Dürr, Gisela/Stiefenhofer, Martin: Schöne alte Kinderspiele. Weltbild Verlag. Augsburg 1998, 2. Auflage

Kirmeyer, Rudolf (Bearbeitung): Wir kleinen Sänger. Liederbuch für die Volksschule. Bayerischer Schulbuchverlag. München 1962, 3. Auflage

Preißler, Helmut (Zusammenstellung): Kinderreime und Kinderlieder aus »Des Knaben Wunderhorn«. Verlag Werner Dausien. Hanau/M.

Weidinger, Gertrud/zu Knyphausen, Susanna: Lieblingslieder für Kinder. Südwest Verlag. München 1995

Hinweis

Das vorliegende Buch ist sorgfältig erarbeitet worden. Dennoch erfolgen alle Angaben ohne Gewähr. Weder die Autorin noch der Verlag können für eventuelle Nachteile oder Schäden, die aus den im Buch gemachten Hinweisen resultieren, eine Haftung übernehmen.

Bildnachweis

Alle Illustrationen stammen von Susanna Grigoletto, München.

Fotos – Bavaria, Gauting: 66 (TLC/Bavaria), 128 (Custom Medical/Bavaria), 164 (FPG/Bavaria); Image Bank, München: 18 (Steve Satushek), 112 (Bard Martin), 140 (Benn Mitchell), 150 (Yellow Dog Prods), 176 (Barros & Barros); Tony Stone, München: 8 (Andy Sacks), 72 (David Hanover), 92 (Kathi Lamm), 102 (Roy Gumpel), 192 (Kalunzy/Thatcher).

Notenstich: Florian Noetzel Verlag, Wilhelmshaven

Impressum

Redaktion: Michaela Breit
Projektleitung: Ernst Dahlke
Redaktionsleitung: Nina Andres
Bildredaktion: Sabine Kestler
Umschlag und Innenlayout: Manuela Hutschenreiter
DTP-Produktion: AVAK-Publikationsdesign, München
Produktion: Manfred Metzger

Printed in Slovenia

Gedruckt auf chlor- und säurearmem Papier

ISBN 3-517-07712-7

Register